Progettazione e implementazione

Pardhu Thottempudi

Progettazione e implementazione di compressori 4X2 con nuovi moduli XNOR

Progettazione di compressori a bassissimo consumo

ScienciaScripts

Imprint

Any brand names and product names mentioned in this book are subject to trademark, brand or patent protection and are trademarks or registered trademarks of their respective holders. The use of brand names, product names, common names, trade names, product descriptions etc. even without a particular marking in this work is in no way to be construed to mean that such names may be regarded as unrestricted in respect of trademark and brand protection legislation and could thus be used by anyone.

Cover image: www.ingimage.com

This book is a translation from the original published under ISBN 978-3-659-85160-5.

Publisher:
Sciencia Scripts
is a trademark of
Dodo Books Indian Ocean Ltd. and OmniScriptum S.R.L publishing group

120 High Road, East Finchley, London, N2 9ED, United Kingdom
Str. Armeneasca 28/1, office 1, Chisinau MD-2012, Republic of Moldova, Europe

ISBN: 978-620-8-34714-7

Copyright © Pardhu Thottempudi
Copyright © 2024 Dodo Books Indian Ocean Ltd. and OmniScriptum S.R.L publishing group

CONTENUTI

PROFILO DELL'AUTORE 2
CAPITOLO 1 INTRODUZIONE 3
CAPITOLO 2 INDAGINE LETTERARIA 6
CAPITOLO 3 ATTUAZIONE 19
CAPITOLO 4 SOFTWARE 32
CAPITOLO 5 RISULTATI...47
CONCLUSIONE..58
AMBITO FUTURO 59
RIFERIMENTI..60

PROFILO DELL'AUTORE

PardhuThottempudiè diventato Membro (M) di IEEE nel 2015. Pardhu è nato nel villaggio di Luxettipet, nel distretto di Adilabad, nello stato di Telangana, in India. Ha conseguito la laurea triennale B.tech in Ingegneria elettronica e delle comunicazioni nel 2011 presso l'MLR Institute of Technology di Hyderabad, India. Ha conseguito il Master M.Tech in Embedded Systems presso l'Università di Vignan, Vadlamudi nel 2013. Sta svolgendo il dottorato di ricerca presso l'Università VIT, Vellore, Tamil Nadu I suoi principali campi di interesse includono l'elaborazione del segnale digitale, le comunicazioni RADAR, i sistemi embedded, l'implementazione dell'elaborazione del segnale su applicazioni FPGA.

Dal 2015 lavora come professore assistente presso il Dipartimento di Elettronica e Ingegneria delle Comunicazioni del St. Peters Engineering College, Hyderabad, India. In precedenza ha lavorato come professore assistente presso Brilliant Group of Technical Institutions, Hyderabad, MarriLaxman Reddy Institute of Technology & management, India. Ha anche lavorato come stagista presso il Centro di ricerca Imarat, Hyderabad. Ha pubblicato 15 lavori di ricerca su VLSI, elaborazione di immagini, antenne, elaborazione del segnale, comunicazioni RADAR in rinomate riviste internazionali e in varie conferenze IEEE.

PardhuThottempudi è membro a vita di ISTE e membro associato di IETE dal 2015. Ha depositato un brevetto su "Design of Compressor using Full Adder Circuit". È membro della società di elaborazione dei segnali IEEE e della società di elettronica industriale IEEE.

Dedicato ai miei genitori, a mio fratello, a mia moglie, alla mia facoltà e ai miei amici.

CAPITOLO 1 INTRODUZIONE

1.1 Introduzione

La maggior parte dei circuiti VLSI utilizza gli addatori come parte fondamentale, poiché costituiscono l'elemento base di tutte le funzioni aritmetiche. La crescente domanda di apparecchiature portatili richiede circuiti VLSI efficienti dal punto di vista dell'area e della potenza. Questo progetto presenta un compressore 4:2 che utilizza diversi progetti di sommatori completi. Lo scopo di questo progetto è ridurre il consumo di energia dei compressori 4:2 senza compromettere la velocità e le prestazioni. Il full adder è un'unità fondamentale in vari circuiti, in particolare per l'esecuzione di operazioni aritmetiche come compressori, comparatori, controllori di parità, moltiplicatori ecc. È il nucleo di molte operazioni utili come la sottrazione, la moltiplicazione, la divisione e l'esponenziazione, il calcolo degli indirizzi e può influenzare in modo significativo le prestazioni complessive ottenibili dal sistema.[1]

I compressori, nelle loro diverse varianti, sono circuiti logici in grado di sommare più di 3 bit alla volta rispetto a un sommatore completo e di eseguire questa operazione con un numero di porte inferiore e una velocità superiore rispetto a un circuito sommatore completo equivalente. Un sommatore a compressore è un circuito logico utilizzato per migliorare la velocità di calcolo dell'addizione di 4 o più bit alla volta. I compressori possono sostituire in modo efficiente la combinazione di più semiannalisti e sommatori completi, consentendo così prestazioni ad alta velocità del processore che li incorpora. Il compressore progettato è stato verificato con l'EDA TANNER. I layout sono stati progettati utilizzando gli strumenti BACKEND.

1.2 Obiettivo del progetto

L'obiettivo principale del nostro progetto è la **"Progettazione e implementazione di un progetto di compressore 4:2 con nuovi moduli XOR/XNOR utilizzando strumenti di backend"**. Per i circuiti integrati aritmetici digitali veloci viene proposto un circuito compressore 4:2 a bassa potenza e ad alta velocità. Questo circuito è stato ampiamente utilizzato per la realizzazione di moltiplicatori. Sulla base di un nuovo modulo OR esclusivo (XOR) e NOR esclusivo (XNOR), è stato progettato un circuito di compressione 4:2. Il circuito proposto mostra una variazione del consumo energetico. Il circuito proposto mostra una variazione del consumo di energia. Questo circuito di compressione 4:2 è stato confrontato con i circuiti precedenti e il circuito proposto ha dimostrato di avere il minimo consumo di energia e il più basso ritardo. Nel sistema proposto sono stati superati gli svantaggi del sistema esistente, come l'area, il ritardo, la dissipazione di potenza, le prestazioni del progetto e la complessità del circuito.

1.3 Dichiarazione del problema

Il circuito funziona con successo a basse tensioni di alimentazione, ma questo comporta un aumento dell'area e del numero di transistor. Un altro svantaggio del circuito è che ciascuno degli ingressi pilota quattro porte invece di due, raddoppiando il carico di ingresso. Ciò causa una risposta lenta quando il circuito viene collegato in cascata. Nei progetti precedenti, il compressore è stato progettato utilizzando gli stili di progettazione della logica cmos statica, che comprende la progettazione a transistor passante, a doppio transistor passante e complementare, i progetti di mux standard con un maggior numero di transistor. Anche la progettazione del compressore è poco complessa e difficile da realizzare. Nel sistema esistente il consumo di energia potrebbe essere elevato e le prestazioni ridotte. Per ovviare a questi problemi del sistema esistente, abbiamo ideato il progetto proposto. Questo migliora tutti questi aspetti.

1.4 Aree di applicazione

Per la produzione di microchip in diversi livelli di circuiti, utilizziamo progetti di compressori per ridurre le dimensioni dei chip e renderli facilmente trasportabili. Per la gestione dell'energia di circuiti complessi di diverso livello, utilizziamo questi progetti di compressori. Per eseguire tutte le operazioni logiche e aritmetiche nei circuiti come adder, subtract e multiplier ecc. ecc. stiamo approfondendo gli stili di progettazione dei compressori con i nuovi moduli XOR/XNOR.[2]

1.5 Strumenti utilizzati

Software Tanner:

I semiconduttori e i sistemi elettronici di oggi sono complessi e la loro progettazione sarebbe impossibile senza l'automazione della progettazione elettronica (EDA).

Strumenti di progettazione EDA Tanner:

- S-edit - uno strumento di acquisizione schematica
- T-SPICE - il motore di simulazione SPICE integrato con S-edit
- W-edit - formattazione della forma d'onda

Strumenti di backend: I layout sono progettati e mostrati per il design proposto.

Dsch: Il programma DSCH è un editor e simulatore di logica. DSCH viene utilizzato per convalidare l'architettura del circuito logico prima di iniziare la progettazione microelettronica. DSCH offre un ambiente di facile utilizzo per la progettazione logica gerarchica e una simulazione veloce con analisi del ritardo, che consente la progettazione e la convalida di strutture logiche complesse.

Microwind: Microwind3 è uno strumento amichevole per PC Windows per la progettazione e la simulazione di circuiti microelettronici a livello di layout. Lo strumento offre funzioni di editing complete, visualizzazioni interessanti come caratteristiche MOS, sezioni trasversali 2D, viste 3D, viste atomiche e un efficiente simulatore analogico.

1.6 Organizzazione del libro

Questo libro è organizzato come segue.

Chapter 1 descrive l'introduzione al progetto, lo scopo del progetto, le prestazioni, il consumo di energia, la complessità del circuito, l'area del circuito. La dichiarazione del problema affronta i difetti di progettazione esistenti. L'area di applicazione descrive le possibilità di utilizzo di questo nuovo metodo.

Chapter 2 descrive l'indagine sulla letteratura e ne discute. Per quanto riguarda i progetti in stile logico CMOS, vengono descritte le informazioni sui diversi progetti in stile logico. Vengono discusse le diverse implementazioni dei circuiti e le loro operazioni con la tabella di verità.

Chapter 3 descrive l'implementazione del progetto proposto, lo schema a blocchi basato sul compressore 4:2 utilizzando i nuovi moduli XOR/XNOR, l'obiettivo principale del progetto e lo sviluppo del progetto proposto.

Chapter 4 descrive gli strumenti software utilizzati. Lo strumento Tanner, gli strumenti di backend come micro wind e anche DSCH eseguono brevemente le operazioni richieste.

Chapter 5 descrive i risultati del progetto. Lo schema di layout di ogni circuito discusso e i risultati della dissipazione di potenza.

CAPITOLO 2 INDAGINE LETTERARIA

2.1 Panoramica

Inoltre, i livelli logici di ingresso asimmetrici rendono i circuiti PMOS suscettibili al rumore. Sebbene inizialmente più facile da produrre, la logica PMOS è stata in seguito soppiantata dalla logica NMOS perché quest'ultima è più veloce della PMOS. I progetti moderni utilizzano la logica CMOS, che utilizza transistor PMOS e NMOS insieme. La logica CMOS statica sfrutta i vantaggi di entrambi utilizzando NMOS e PMOS insieme nel wafer. Il problema peggiore è che una corrente continua scorre attraverso un gate logico PMOS quando il PUN è attivo, cioè ogni volta che l'uscita è alta. Ciò comporta una dissipazione di potenza statica anche quando il circuito è inattivo.

Inoltre, proprio come nei circuiti DTL, TTL, ECL e così via, i livelli logici di ingresso asimmetrici rendono i circuiti NMOS in qualche modo suscettibili al rumore. Questi svantaggi sono il motivo per cui la logica CMOS ha soppiantato la maggior parte di questi tipi nella maggior parte dei circuiti digitali ad alta velocità, come i microprocessori (nonostante il fatto che il CMOS fosse originariamente molto lento). Inoltre, i circuiti NMOS sono lenti a passare da basso ad alto.[3]

2.2 Stili di progettazione logica CMOS

Il semiconduttore complementare a ossidi metallici è una tecnologia di semiconduttori ampiamente utilizzata nei transistor. Utilizza circuiti NMOS (polarità negativa) e PMOS (polarità positiva), ma solo uno dei due tipi di circuito è attivo in qualsiasi momento, per cui richiede meno energia rispetto ai chip che utilizzano un solo tipo di transistor. Poiché richiede una potenza molto ridotta, è ideale per l'uso nei personal computer, nei microprocessori, nei microcontrollori e in altri circuiti logici digitali. Il CMOS è talvolta indicato come semiconduttore metallo-ossido a simmetria complementare (COS-MOS). In questo caso, il termine "simmetria complementare" si riferisce al fatto che il CMOS utilizza coppie complementari e simmetriche di semiconduttori di ossido metallico di tipo p e di tipo n.

2.3 Impatto dello stile logico

Lo stile logico utilizzato nelle porte logiche influenza fondamentalmente la velocità, le dimensioni, la dissipazione di potenza e la complessità del cablaggio di un circuito. Il ritardo del circuito è determinato dal numero di livelli di inversione, dal numero di transistor in serie, dalle dimensioni dei transistor (cioè dalla larghezza dei canali) e dalle capacità di cablaggio intra e inter-cella. Le dimensioni del circuito dipendono dal numero di transistor e dalle loro dimensioni e dalla complessità del cablaggio. La dissipazione di potenza è determinata dall'attività di commutazione e dalle capacità di nodo (costituite da capacità di gate, di diffusione e di filo), quest'ultima a sua volta funzione degli stessi parametri che controllano le dimensioni del circuito. Infine, la complessità del cablaggio è determinata dal numero di connessioni e dalla loro lunghezza, nonché dall'utilizzo di logiche a singola o doppia rotaia. Tutte queste caratteristiche possono variare notevolmente da uno stile logico all'altro e rendono quindi la scelta corretta dello stile logico cruciale per le prestazioni del circuito. Per quanto riguarda le tecniche di progettazione basate su celle (ad esempio, le celle standard) e la sintesi logica, è importante anche la facilità d'uso e la generalità delle porte logiche. La robustezza1 rispetto alla tensione e alla scalatura dei transistor, nonché alle diverse condizioni di processo e di lavoro, e la compatibilità con i circuiti circostanti sono aspetti importanti influenzati dallo stile logico implementato.

2.4 Requisiti di stile logico per il basso consumo

$$P_{dyn} = V_{dd}^2 \cdot f_{clk} \cdot \sum_n \alpha_n \cdot c_n + V_{dd} \cdot \sum_n i_{sc_n}$$

Secondo la formula, la potenza dissipata dinamica di un circuito digitale CMOS dipende dalla tensione di alimentazione, dalla frequenza di clock, dalle attività di commutazione dei nodi, dalle capacità dei nodi, dalle correnti di cortocircuito dei nodi e dal numero di nodi. Una riduzione di ciascuno di questi parametri comporta una riduzione della potenza dissipata. Tuttavia, la riduzione della frequenza di clock è fattibile solo a livello di architettura, mentre a livello di circuito la frequenza è solitamente considerata costante per soddisfare un determinato requisito di throughput. Tutti gli altri parametri sono influenzati in qualche misura dallo stile logico applicato. A questo punto è possibile indicare alcuni requisiti generali di stile logico per l'implementazione di circuiti a basso consumo.

2.5 Requisiti di stile logico per la facilità d'uso

Per facilitare l'uso e la generalità delle porte, uno stile logico dovrebbe essere altamente robusto e avere caratteristiche elettriche amichevoli, **cioè** il disaccoppiamento degli ingressi e delle uscite della porta (cioè almeno uno stadio di inversione per ogni porta), nonché buone capacità di pilotaggio e oscillazioni complete del segnale alle uscite della porta, in modo che le porte logiche possano essere collegate in cascata in modo arbitrario e funzionare in modo affidabile in qualsiasi configurazione di circuito. Queste proprietà sono i prerequisiti per la progettazione basata su celle e la sintesi logica, e consentono anche una modellazione efficiente dei gate e una simulazione a livello di gate. Inoltre, uno stile logico dovrebbe consentire l'implementazione efficiente di funzioni logiche arbitrarie e fornire una certa regolarità rispetto alla realizzazione di circuiti e layout. Devono essere supportate sia le versioni a bassa potenza che quelle ad alta velocità delle celle logiche (ad esempio, attraverso il dimensionamento dei transistor), in modo da consentire una regolazione flessibile della potenza e del ritardo da parte del progettista o dello strumento di sintesi.

2.6 Stili logici statici e dinamici

Una distinzione importante, anche per quanto riguarda la dissipazione di potenza, deve essere fatta tra gli stili logici statici e dinamici. A differenza delle porte statiche, le porte dinamiche sono dotate di clock e funzionano in due fasi, una di precarica e una di valutazione. La funzione logica è realizzata in una singola rete NMOS pull-down o PMOS pull-up, con conseguenti capacità di ingresso ridotte e tempi di valutazione rapidi. Ciò rende la logica dinamica interessante per le applicazioni ad alta velocità. Tuttavia, i grandi carichi di clock e le elevate attività di transizione del segnale dovute al meccanismo di precarica comportano una dissipazione di potenza eccessivamente elevata. Inoltre, l'uso delle porte dinamiche non è così semplice e universale come nel caso delle porte statiche e la robustezza è notevolmente ridotta. Ad eccezione di alcune applicazioni circuitali molto particolari, la logica dinamica non è un candidato valido per la progettazione di circuiti a basso consumo.

2.7 Stile logico CMOS complementare

Le porte logiche in CMOS convenzionale o complementare (nel seguito indicato semplicemente come CMOS) sono costruite da una rete logica NMOS pull-down e una doppia PMOS pull-up. Inoltre, per implementare in modo efficiente multiplexer, XOR gates e flipflops si utilizzano spesso pass-gates o porte di trasmissione (cioè la combinazione di un NMOS e di un PMOS pass-transistor) (il CMOS con pass-gates sarà indicato come CMOS+). Qualsiasi funzione logica può essere realizzata con reti NMOS pull-down e PMOS pull-up collegate tra l'uscita del gate e le linee di alimentazione. Le porte monotoniche semplici, come NAND/NOR e AOI/OAI, possono essere realizzate in modo molto efficiente con pochi transistor (A,P), un livello di inversione del segnale (T) e pochi nodi del circuito (P). Le porte non monotoniche, come XOR e multiplexer, richiedono realizzazioni circuitali più complesse, ma sono comunque abbastanza efficienti. Altri vantaggi dello stile logico CMOS sono la sua robustezza nei confronti della scalatura della tensione e del dimensionamento dei transistor (elevati margini di rumore) e quindi il funzionamento affidabile a tensioni basse e dimensioni arbitrarie (anche minime) dei transistor (ratio less logic). I segnali di ingresso sono collegati solo alle porte a transistor, il che facilita l'uso e la caratterizzazione delle celle logiche. Il layout delle porte CMOS è semplice ed efficiente grazie alle coppie di transistor complementari.

2.8 Stili logici a transistor passanti

Il vantaggio è che una rete di transistor di passaggio è sufficiente per eseguire l'operazione logica, con conseguente riduzione del numero di transistor e dei carichi di ingresso, soprattutto quando si utilizzano reti NMOS. Tuttavia, la caduta di tensione di soglia attraverso i transistor NMOS durante il passaggio dell'"1" logico rende necessario il ripristino dell'oscillazione alle uscite del gate per evitare correnti statiche agli invertitori di uscita o alle porte logiche successive. La regolazione delle tensioni di soglia come soluzione a livello di tecnologia di processo di solito non è fattibile per altri motivi. Per disaccoppiare gli ingressi e le uscite dei gate e fornire capacità di pilotaggio accettabili, alle uscite dei gate vengono solitamente collegati degli invertitori. Poiché queste strutture di multiplexer pass-transistor richiedono segnali di controllo complementari, di solito si utilizza una logica a doppia pista per fornire tutti i segnali in forma complementare. Di conseguenza, oltre al ripristino dell'oscillazione e ai circuiti di buffering in uscita, sono necessarie due reti MOS, che annullano il vantaggio del basso numero di transistor e dei piccoli carichi in ingresso della logica a transistor passanti. Inoltre, il doppio cablaggio richiesto tra le celle aumenta notevolmente la complessità del cablaggio e la capacità. Un piccolo vantaggio della logica a doppia rotaia è che i segnali invertiti sono gratuiti. Il layout delle celle a transistor passa non è altrettanto semplice ed efficiente a causa della disposizione irregolare dei transistor e degli elevati requisiti di cablaggio. Infine, la logica pass-transistor con circuiti di ripristino dello swing è sensibile alla scalatura della tensione e al dimensionamento dei transistor per quanto riguarda la robustezza del circuito; il funzionamento efficiente o affidabile delle porte logiche non è necessariamente garantito a basse tensioni o a transistor di piccole dimensioni. In altre parole, il dimensionamento dei transistor è cruciale per il corretto funzionamento delle porte e quindi più difficile. Le correnti di cortocircuito sono piuttosto elevate a causa dei segnali concorrenti nel circuito di ripristino dell'oscillazione. Recentemente sono stati proposti molti stili logici a transistor passanti. I più importanti sono ora brevemente riassunti.

1. **Logica a transistor di passaggio complementare (CPL):** Un gate CPL è costituito da due reti logiche NMOS (una per ciascun binario del segnale), due piccoli transistor PMOS di pull-up per il ripristino dell'oscillazione e due invertitori di uscita per i segnali di uscita complementari. La Fig. 1(e) mostra un multiplexer a due ingressi che rappresenta la struttura di base e minima del gate CPL (dieci transistor). Tutte le funzioni a due ingressi (ad esempio AND, OR, XOR) possono essere implementate da questa struttura di base, che è relativamente costosa per semplici porte monotone come NAND e NOR. I vantaggi dello stile CPL sono i piccoli carichi di ingresso, l'efficiente implementazione di gate XOR e multiplexer, la buona capacità di pilotaggio dell'uscita grazie agli invertitori di uscita e lo stadio differenziale veloce grazie ai transistor pull-up PMOS ad accoppiamento incrociato.

Questo stadio differenziale, d'altra parte, comporta correnti di cortocircuito notevolmente maggiori. Altri svantaggi del CPL sono il numero considerevole di nodi e l'elevato sovraccarico di cablaggio dovuto ai segnali a doppia rotaia e alla realizzazione inefficiente di porte semplici.

2. **Logica a transistor con ripristino dell'oscillazione (SRPL):** Lo stile SRPL deriva dalla CPL. In questo caso, gli invertitori di uscita sono accoppiati in modo incrociato a una struttura latch che esegue contemporaneamente il ripristino dello swing e il buffering delle uscite. Si noti che i transistor PMOS di pull-up non sono più necessari e che i nodi di uscita della rete NMOS sono anche le uscite del gate. Poiché gli inverter devono pilotare le uscite e devono anche essere sovrascritti dalla rete NMOS, il dimensionamento dei transistor diventa molto difficile e comporta una scarsa capacità di pilotaggio delle uscite, una commutazione lenta e grandi correnti di cortocircuito. La situazione peggiora ulteriormente quando si collegano in cascata le porte SRPL. La serie di reti NMOS che ne deriva, con invertitori in concorrenza tra loro, porta a commutazioni molto lente e a un funzionamento inaffidabile. Le porte SRPL sono molto sensibili al dimensionamento dei transistor e mostrano prestazioni accettabili solo in caso di disposizioni circuitali molto particolari.

3. **Logica a doppio transistor (DPL):** Nella logica DPL vengono utilizzate in parallelo reti logiche sia NMOS che PMOS, per ottenere un'oscillazione completa dei segnali di uscita e quindi un'elevata robustezza del circuito. Tuttavia, il numero di transistor, soprattutto quelli PMOS di grandi dimensioni, e il numero di nodi sono piuttosto elevati e comportano carichi capacitivi notevoli. La combinazione di transistor PMOS di grandi dimensioni e di una logica dual-rail inefficiente rende il DPL non competitivo rispetto ad altri stili di logica a transistor e al CMOS complementare. Si noti che il DPL può essere considerato una logica pass-gate a doppia rotaia, mentre il CMOS+ è una logica pass-gate a singola rotaia.

4. **Logica a transistor singolo (LEAP):** La logica a transistor passanti a singola rotaia è proposta nello schema di progettazione della logica LEAP. A differenza degli stili logici a doppia rotaia, sono necessari solo un singolo cablaggio inter-cella e singole reti NMOS, mentre i segnali di ingresso complementari richiesti sono generati localmente da invertitori Il ripristino dell'oscillazione è realizzato da un transistor PMOS con feed back pull-up che, tuttavia, è più lento dei transistor PMOS ad accoppiamento incrociato di CPL che lavorano in modalità differenziale. Si noti inoltre che questa struttura di ripristino dell'oscillazione funziona solo perché la caduta di tensione di soglia attraverso la rete NMOS per un "1" logico impedisce l'accensione del NMOS dell'inverter e quindi del PMOS di pull-up. Pertanto, la robustezza a basse tensioni è garantita solo se le tensioni di soglia sono adeguatamente piccole. D'altra parte, la facilità d'uso delle porte logiche e la compatibilità con la progettazione convenzionale basata su celle è in parte garantita da questo stile logico. Il fatto che le reti logiche convenzionali possano essere mappate in modo più efficiente su porte logiche semplici che su multiplexer viene affrontato nel sistema LEAP con un nuovo approccio di sintesi che sfrutta la piena funzionalità delle strutture multiplexer.[4]

2.9 Revisione di vari progetti di circuiti XOR/XNOR di diversi stili logici CMOS

A. Circuito CMOS statico XOR e XNOR

Il CMOS complementare utilizza due reti per implementare una determinata funzione. Una prima parte è costituita esclusivamente da reti PMOS complementari di pull-up, mentre una seconda parte è costituita da reti NMOS di pulldown. Questa tecnica è molto diffusa e produce risultati ampiamente accettati, ma richiede un numero maggiore di transistor CMOS. La porta CMOS statica XOR e XNOR è mostrata in Fig2.1a e Fig2.1b. Il circuito può funzionare con un'oscillazione completa della tensione di uscita.

$$Z = A \oplus B = (A + B) \cdot (A' + B')$$

$$Z' = (A \oplus B)' = \{(A + B) \cdot (A' + B')\}'$$
$$Z' = AB + A'B'$$
$$Z = (AB + A'B')' = A \oplus B$$

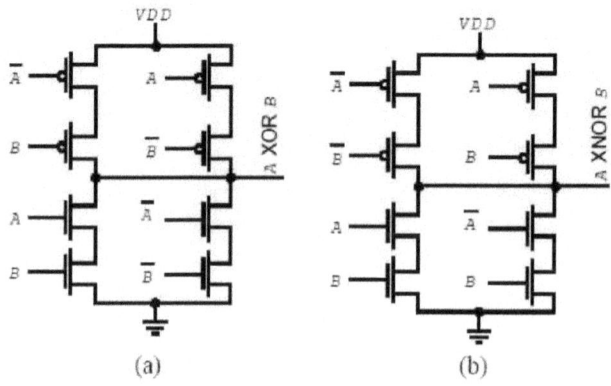

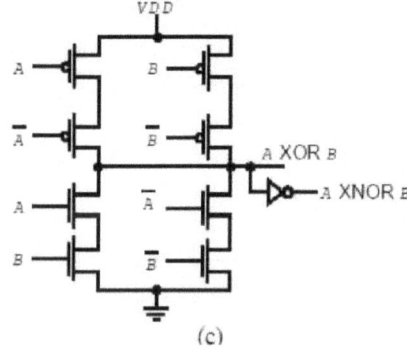

Fig 2.1 a, b, c Circuiti statici CMOS XOR-XNOR.

B. Circuiti XOR e XNOR basati su PTL

È comunemente utilizzato anche un altro stile logico, noto come logica a transistor di passaggio (PTL). Si differenzia dalla CMOS complementare per il fatto che il lato sorgente del transistor MOS è collegato a una linea di ingresso invece di essere collegato alle linee di alimentazione. Un'altra differenza importante è che è sufficiente una sola rete PTL (NMOS o PMOS) per eseguire l'operazione logica. Diversi circuiti XOR-XNOR basati sull'utilizzo dell'elevata funzionalità dello stile logico a transistor passanti sono mostrati in Fig2.2a Nonostante il risparmio nel numero di transistor, il problema comune riscontrato in tutti questi circuiti è la perdita di soglia al nodo di uscita con determinate combinazioni di ingressi. La riduzione dell'oscillazione della tensione di uscita, da un lato, è utile per il consumo di energia.

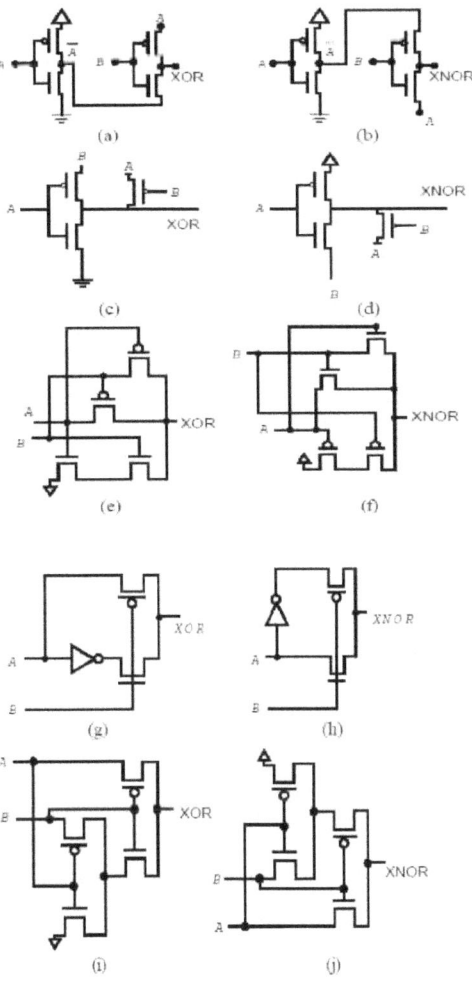

La Fig. 2.2 a, b, c, d, e, f, g, h, i, j mostra diversi stili di circuiti XOR/XNOR.

C. Circuiti XOR-XNOR basati su PTL

Quando l'ingresso **B** è a 1 logico, il transistor passante PMOS è disattivato e il transistor passante NMOS è attivato. Pertanto, l'uscita XOR del circuito di Fig. 2.2b è il complemento dell'ingresso A e l'uscita XNOR di Fig. 2.2c ottiene lo stesso valore logico dell'ingresso A. Quando l'ingresso B è a 0 logico, l'uscita XNOR del circuito di Fig. è il complemento dell'ingresso A e l'uscita XOR di Fig. 2.2a. Ottiene lo stesso valore logico dell'ingresso A perché il transistor passante PMOS è ON e il transistor passante NMOS è OFF.

Per il circuito XOR di Fig2.2b, quando l'ingresso B è a logica 1, il circuito inverter funziona come un normale inverter CMOS. Pertanto, l'uscita è il complemento dell'ingresso A. Quando l'ingresso B è a 0 logico, l'uscita dell'inverter CMOS è ad alta impedenza. Tuttavia, il transistor passante PMOS è attivo e l'uscita assume lo stesso valore logico dell'ingresso A. Il funzionamento dell'intero circuito è quindi simile a quello di un circuito XOR a 2 ingressi. Tuttavia, esegue operazioni non full-swing per alcuni schemi di ingresso, causando una degradazione delle uscite corrispondenti di |Vth|. Per A = 1 e B = 0, si verifica una degradazione della tensione dovuta alla caduta di soglia sul transistor e di conseguenza l'uscita è degradata rispetto all'ingresso.

Per il circuito XNOR in Fig2.2c, quando A = 0 e B = 1, si verifica una degradazione della tensione dovuta alla caduta di soglia attraverso il transistor e di conseguenza l'uscita è degradata rispetto all'ingresso. Il circuito XOR e XNOR rispettivamente in Fig2.2d, Fig2.2e. L'oscillazione della tensione di uscita è degradata, la capacità di pilotaggio è limitata ed è caratterizzata da un basso consumo di potenza. I circuiti di Fig.2.2g e Fig2.2h forniscono buoni livelli di uscita e la capacità di pilotaggio dei circuiti è migliorata grazie all'utilizzo di inverter CMOS statici. Il limite principale dei circuiti è il consumo di potenza supplementare dovuto alla presenza dell'inverter CMOS statico. Una nuova serie di circuiti XOR e XNOR a 4 transistor a bassa potenza, chiamati rispettivamente Powerless (P-) XOR e Groundless (G-) XNOR, è mostrata nelle Fig.2.2f e Fig.2.2g. Il circuito XOR in Fig.2.2h è simile al circuito XOR in Fig.2.2i. L'unica differenza è che la connessione VDD dell'inverter CMOS statico è collegata a uno dei due segnali di ingresso. Il P-XOR e il G-XNOR consumano meno energia rispetto agli altri circuiti perché non hanno un collegamento di alimentazione (VDD) o di massa (VSS). Questi circuiti non sono in grado di funzionare correttamente a basse tensioni di alimentazione a causa della perdita di soglia sul nodo di uscita e presentano caratteristiche di ritardo scadenti.

D.   Circuiti DPL XOR e XNOR

La logica a doppio transistor di passaggio (DPL) utilizza transistor complementari per mantenere il funzionamento full swing e ridurre il consumo di corrente continua. Ciò elimina la necessità di circuiti di ripristino. Un limite della logica DPL è l'ampia superficie utilizzata a causa della presenza di transistor PMOS. I circuiti XOR e XNOR a 10 transistor DPL (Double pass-transistor logic) sono illustrati nella Fig.2.3.

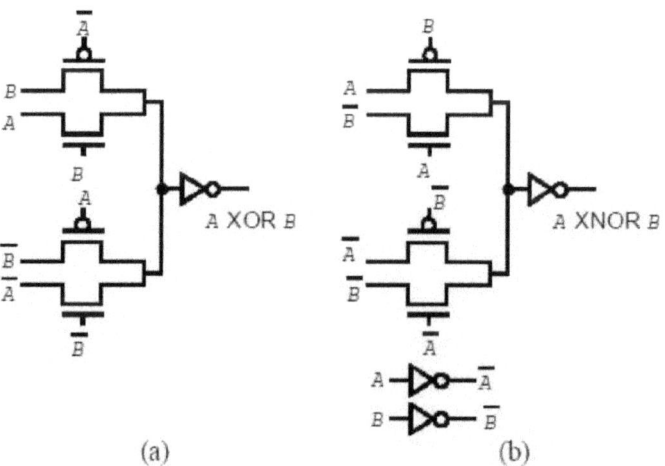

Fig 2.3 (a) DPL XOR 2.3 (b) Circuiti XNOR

Grazie alla presenza di dispositivi NMOS e PMOS, tutti i nodi dei circuiti DPL hanno un'oscillazione di tensione completa e non vi è alcun problema di corrente di cortocircuito statica. Lo svantaggio di questo circuito è rappresentato dagli ingressi complementari richiesti.

E. Circuiti XOR e XNOR basati su inverter

I circuiti XOR e XNOR basati su inverter sono progettati collegando in cascata tre inverter, come illustrato nella Fig. 2.4a. La grave limitazione di questi circuiti è l'oscillazione non completa della tensione ai nodi interni del circuito. Tuttavia, essi funzionano in modo affidabile ad alte tensioni di alimentazione. Il valore di uscita per la Fig.2.4b mostrato nella Tabella 1, che mostra i livelli di segnale all'uscita, in alcuni casi è degradato a una bassa tensione di alimentazione di 1,8 V.

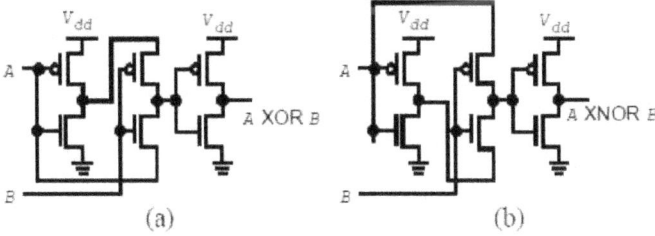

Fig 2.4 (a) Inverter XOR 2.4 (b) Circuiti Inverter XNOR

Circuiti XOR e XNOR basati su inverter.

Ingressi		Uscita	
A	B	XNOR	XOR
0	0	Cattivo 1	Buono 0
0	1	Buono 0	Buono 1
1	0	Buono 0	Buono 1
1	1	Buono 1	Buono 0

Tabella 1 Tabella di verità XOR/XNOR

F. Circuiti XOR e XNOR basati su gate di trasmissione

Il Transmission Gate CMOS (TG) utilizza la logica del transmission gate per realizzare funzioni logiche complesse utilizzando un numero ridotto di transistor complementari. Risolve il problema del basso livello logico utilizzando sia PMOS che NMOS. Circuiti a 10 transistor per la funzione XOR-XNOR basati su porte di trasmissione e invertitori. Questo circuito corregge i difetti dei progetti precedenti. Il progetto è composto da due porte di trasmissione e tre invertitori statici. In questo progetto, viene impiegato un inverter per generare il segnale complementare della funzione XOR, poiché i circuiti XOR e XNOR implementano funzioni che sono complementari. Questo circuito può funzionare con una tensione di alimentazione inferiore e avere un'oscillazione completa della tensione di uscita per tutti gli ingressi.

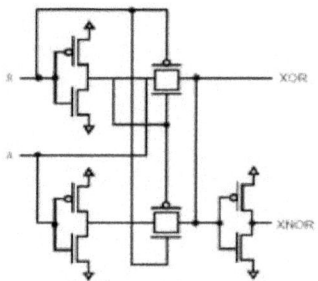

Fig 2.5 Circuiti XOR-XNOR a porte di trasmissione

Ingressi		Uscita	
A	B	XNOR	XOR
0	0	Buono 1	Buono 0
0	1	Buono 0	Buono 1
1	0	Buono 0	Buono 1
1	1	Buono 1	Buono 0

I circuiti a 9 transistor per la funzione XOR-XNOR illustrati nella Fig. 2.5 alleviano i problemi della perdita di tensione di soglia e della dissipazione di potenza in standby non nulla. Collegando in cascata un inverter standard dopo il circuito XOR, si ottiene un XNOR ad alte prestazioni, come mostrato in Fig.2.5, con un'uscita ripristinata. La stessa proprietà è presente nella struttura XOR. Il valore di uscita della Fig.2.5, che mostra i livelli di segnale all'uscita, è corretto in tutti i casi con una bassa tensione di alimentazione di 1,8 V. Questi circuiti forniscono un'oscillazione di tensione completa (cioè 0 V per lo 0 logico e 1,8 V per l'1 logico).

G. Circuito XOR GDI

Il GDI (Gate diffusion input) è una tecnica di progettazione di circuiti combinazionali digitali a basso consumo che si basa sull'uso di una semplice cella GDI, come mostrato nella Fig. 2.6. La differenza fondamentale tra la cella GDI e l'inverter CMOS standard è la seguente. La differenza fondamentale tra la cella GDI e l'inverter CMOS standard è la seguente:

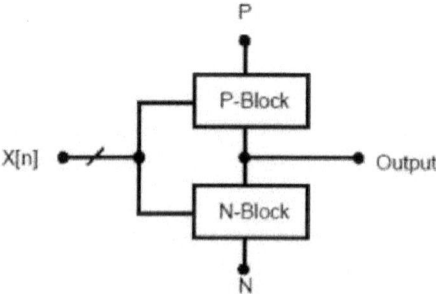

Fig 2.6 Diagramma a blocchi GDI XOR

La cella GDI contiene tre ingressi G (ingresso gate comune dei transistor NMOS e PMOS), P (ingresso alla sorgente/drain del PMOS) e N (ingresso alla sorgente/drain del NMOS). I bulk di entrambi i transistor NMOS e

PMOS sono collegati a N o P (rispettivamente), quindi possono essere polarizzati arbitrariamente a differenza di un inverter CMOS. Questa tecnica consente di ridurre il consumo di energia, il ritardo di propagazione e l'area dei circuiti digitali, pur mantenendo una bassa complessità della progettazione logica. Il circuito XOR a 4 transistor che utilizza la cella GDI è mostrato in Fig.2.7.[6,7,8,9]

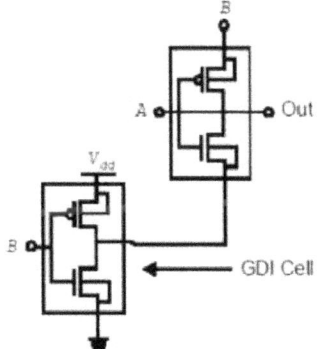

Fig 2.7 Circuito XOR GDI

H. Circuiti XOR e XNOR con transistor di retroazione

La cella combinata XOR-XNOR viene utilizzata per pilotare le linee di selezione del multiplexer, le linee dei segnali di controllo e così via. Per superare il problema delle uscite skewed, di seguito vengono illustrati alcuni progetti che combinano l'implementazione di entrambe le funzioni XOR e XNOR in un unico circuito. Per migliorare l'oscillazione della tensione di uscita, tra le uscite XOR e XNOR vengono collegati transistor PMOS e/o transistor PMOS e NMOS accoppiati in modo incrociato. Il circuito XOR e XNOR descritto si basa su segnali di ingresso non complementari e presenta una migliore immunità al PDP e al rumore. I transistor NMOS e PMOS sono stati aggiunti ai circuiti di base per attenuare il problema della perdita di tensione di soglia comunemente riscontrato nella progettazione di logiche a transistor passanti. Per ovviare al problema delle uscite oblique, i circuiti XOR-XNOR di base vengono combinati in un unico circuito, come mostrato nella Fig. 2.7. A tensioni molto basse, la dissipazione di potenza diventa trascurabile rispetto alla riduzione del ritardo e il prodotto potenza-ritardo di questo circuito è sempre migliore delle sue controparti. L'uscita è priva di glitch ed è mostrata in Fig.2.8.

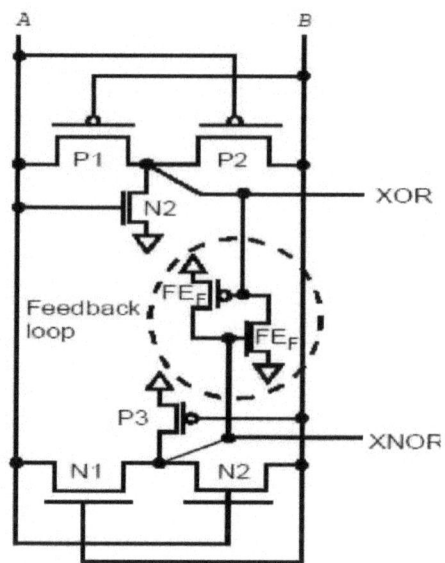

Fig 2.8 Circuiti XOR e XNOR con transistor di retroazione

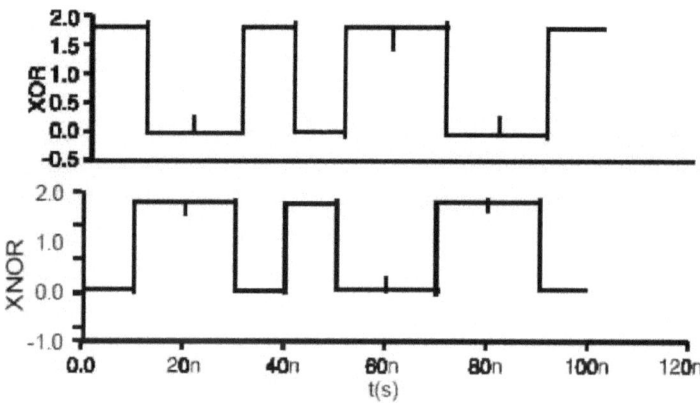

Fig 2.9 Forma d'onda in uscita per il circuito XOR-XNOR

Forma d'onda in uscita per il circuito XOR-XNOR

Questo circuito si basa su segnali di ingresso complementari. Con questa metodologia, il numero di transistor aumenta, ma le prestazioni migliorano notevolmente. Un altro punto di forza di questa metodologia è l'uso di transistor di retroazione. Il primo circuito è illustrato nella Fig. 2.8. Due transistor pull-up P1 e P2 e due transistor pull-down N1 e N2 (indicati con i cerchi tratteggiati) completano lo scheletro di base (indicato con l'area ombreggiata). Il valore di uscita del circuito di base è riportato nella Tabella seguente e la forma d'onda di uscita del circuito XOR e XNOR dopo l'applicazione della metodologia-I è mostrata in Fig.2.9. Come si può notare dalla tabella, il valore di uscita alternato è una logica cattiva o debole. In particolare, il vettore di ingresso "10" produce un "cattivo 1" per la funzione XOR. Questo problema viene risolto utilizzando i due transistor di pull-up P1 e P2 nella rete XOR.

Ingressi		Uscita	
A	B	XNOR	XOR
0	0	Buono 1	Cattivo 0
0	1	Cattivo 0	Buono 1
1	0	Buono 0	Cattivo 1
1	1	Cattivo 1	Buono 0

Analogamente, per la funzione XNOR, il vettore di ingresso "01" produce uno "0 negativo", che può essere corretto utilizzando i due transistor pull-down N1 e N2 nella rete XNOR. Le altre due uscite errate vengono corrette utilizzando un circuito di retroazione.

Circuiti XOR -XNOR

La Fig. 2.10 mostra un nuovo circuito XOR-XNOR a 8 transistor che genera simultaneamente uscite XOR e XNOR. Questo circuito fornisce un'oscillazione di tensione completa (cioè 0 V per lo 0 logico e 1,8 V per l'1 logico) a bassa tensione di alimentazione. Il circuito XOR-XNOR riportato si basa su una logica a transistor passanti complementari che utilizza un solo invertitore statico invece di due invertitori statici come nel normale circuito XOR di tipo CPL. La prima metà del circuito utilizza solo transistor passanti NMOS per la generazione delle uscite XOR e XNOR. I transistor PMOS ad accoppiamento incrociato sono collegati tra le uscite XOR e XNOR per attenuare il problema della soglia per tutte le possibili combinazioni di ingresso e ridurre la dissipazione di potenza in cortocircuito. Il circuito è intrinsecamente veloce grazie ai transistor NMOS ad alta mobilità e allo stadio differenziale veloce dei transistor PMOS ad accoppiamento incrociato. [5]

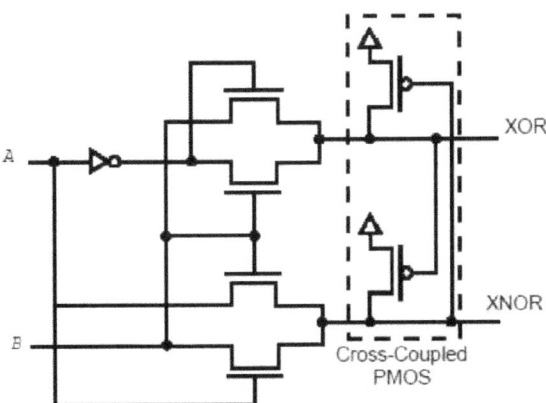

Fig 2.10 Circuito XOR-XNOR ad accoppiamento incrociato

Circuito XOR-XNOR

Il circuito XOR-XNOR rappresentato, come illustrato nella Fig.2.11, ha due transistor di retroazione complementari per ripristinare l'oscillazione non completa della tensione. Essi ripristinano l'uscita non full-swing tirandola verso l'alto tramite PMOS fino a VDD o verso il basso tramite NMOS fino a massa. Questo aumenta la capacità di pilotaggio. Inoltre, poiché non esiste un percorso diretto tra l'alimentazione e la massa, la corrente di cortocircuito è stata ridotta.

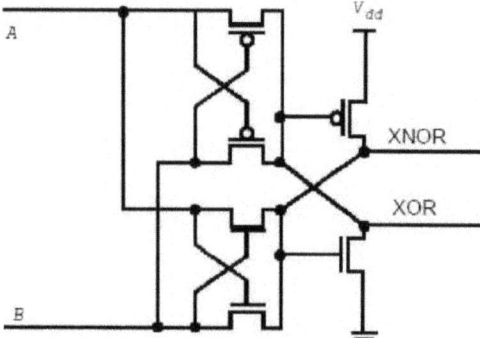

Fig 2.11 Circuito XOR-XNOR a retroazione complementare

Circuiti XOR-XNOR

A causa delle prestazioni insoddisfacenti a bassa tensione di alimentazione, abbiamo modificato il circuito. In questo circuito sono stati aggiunti due transistor PMOS e NMOS in serie per risolvere il problema del ritardo nel caso peggiore. Questo circuito presenta un'oscillazione completa della tensione di uscita per tutte le possibili combinazioni di ingresso, come mostrato nella Fig. 2.12.

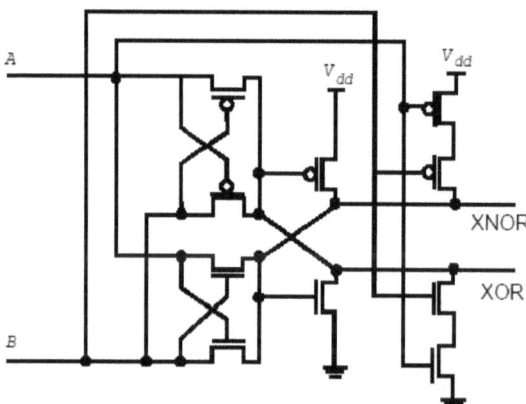

Fig 2.12 Circuiti XOR-XNOR modificati

CAPITOLO 3 ATTUAZIONE

3.1 Introduzione al progetto:

Viene proposto un circuito di compressione 4:2 a bassa potenza e ad alta velocità per i circuiti integrati di aritmetica digitale veloce. Questo circuito è stato ampiamente utilizzato per la realizzazione di moltiplicatori. Sulla base di un nuovo modulo OR esclusivo (XOR) e NOR esclusivo (XNOR), è stato progettato un circuito di compressione 4:2. Il circuito proposto mostra una variazione del consumo energetico. Il circuito proposto mostra una variazione del consumo di energia. Il circuito di compressione 4:2 proposto è stato confrontato con i circuiti precedenti e il circuito proposto ha dimostrato di avere il consumo di potenza minimo e il ritardo più basso.

3.2 obiettivo del progetto:

L'obiettivo principale del nostro progetto è la **"Progettazione e realizzazione di un compressore 4:2 con nuovi moduli XOR/XNOR"**. Il compressore è stato progettato utilizzando sia la logica a transistor passanti sia la logica a trasmissione gated. In questo modo si riduce l'area rispetto al progetto CMOS, la dissipazione di potenza e il ritardo. In questo sistema proposto è stato anche implementato un compressore 4:2. I compressori 4:2 sono stati progettati con il nuovo modulo XOR-XNOR a otto transistor e il multiplexer 2:1 a gate di trasmissione senza buffer di uscita. Questo progetto di multiplexer è più veloce e dissipa poca energia rispetto al progetto CMOS standard.

3.3 Gli obiettivi di questo progetto sono i seguenti:

3.3.1 Architetture di compressori di additivi: I compressori di additivi sono stati utilizzati per implementare circuiti aritmetici e di elaborazione del segnale digitale (DSP) per applicazioni a basso consumo e ad alte prestazioni. I compressori sono utilizzati anche nelle architetture dei moltiplicatori. I moltiplicatori sono strutturati in tre funzioni: generazione di prodotti parziali, accumulo di prodotti parziali e addizione finale. La principale fonte di potenza, ritardo e area deriva dalla fase di accumulo dei prodotti parziali. I compressori di solito implementano questa fase perché contribuiscono alla riduzione dei prodotti parziali (riducendo il numero di sommatori nello stadio finale) e contribuiscono anche a ridurre il percorso critico, importante per mantenere le prestazioni del circuito.

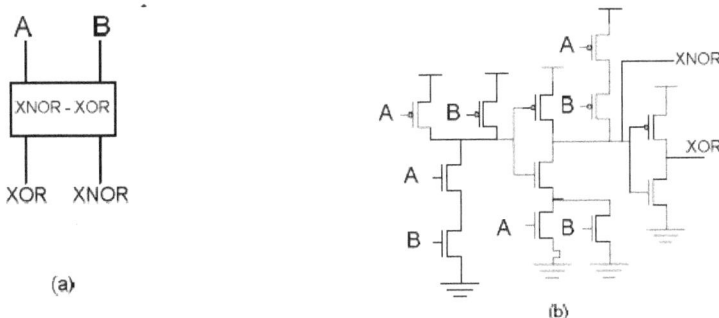

Fig 3.1 (a) Modulo XOR-XNOR 3.1 (b) XOR-XNOR implementato con logica CMOS

Progetto XOR esistente:

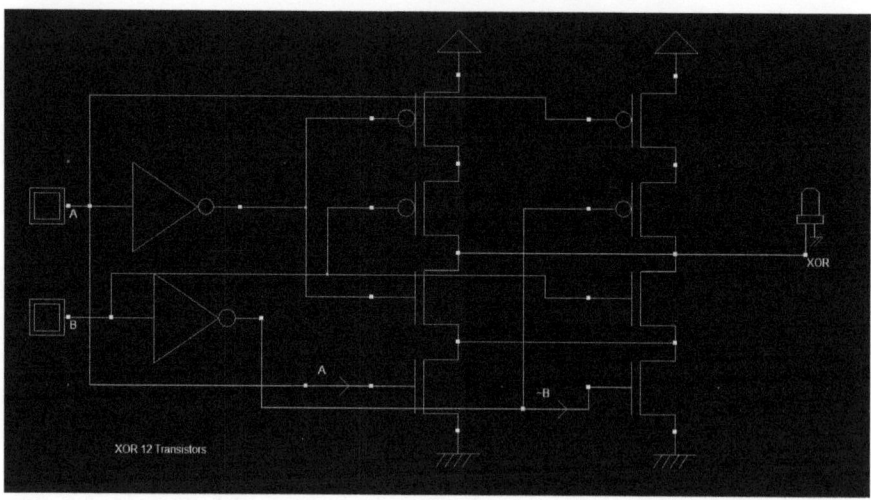

Fig 3.2 Progetto DSCH di XOR statico

Forme d'onda XOR/XNOR esistenti:

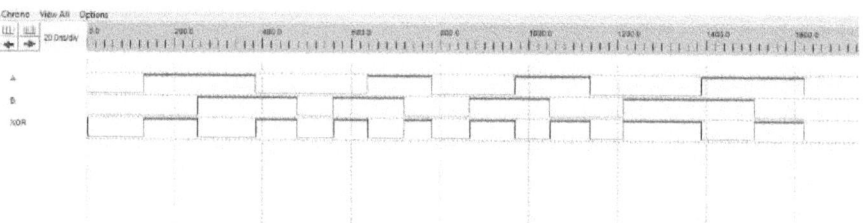

Fig 3.3 Progettazione DSCH di forme d'onda XOR statiche

I compressori sono composti essenzialmente da due tipi di moduli: Porte complesse XOR-XNOR e multiplexer (MUX). Un'implementazione logica CMOS di entrambi i moduli è mostrata in Fig3.4a e Fig3.4b. Viene presentata un'esplorazione dello spazio di progettazione per i compressori 4:2 e 5:2. Essa mostra le diverse possibilità di implementare compressori adder basati su diversi stili logici ma con la stessa architettura. I risultati mostrano alcune combinazioni di stili logici per i moduli XOR-XNOR e MUX che consentono di ottenere risultati migliori in termini di ritardo e potenza. Per il modulo XOR-XNOR, il circuito presenta caratteristiche migliori di altri. Per il modulo MUX, un MUX basato su porte di trasmissione con un buffer di uscita presenta i risultati migliori.

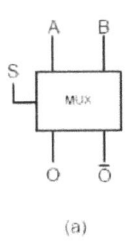 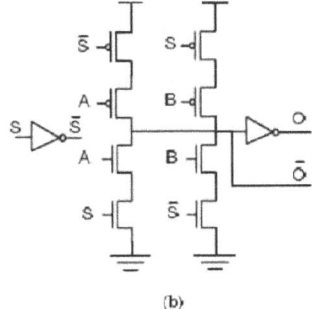

Fig 3.4a Multiplexer (MUX) con due uscite 3.2b Multiplexer (MUX) implementato con CMOS

Rappresentazione a blocchi di base del mux:

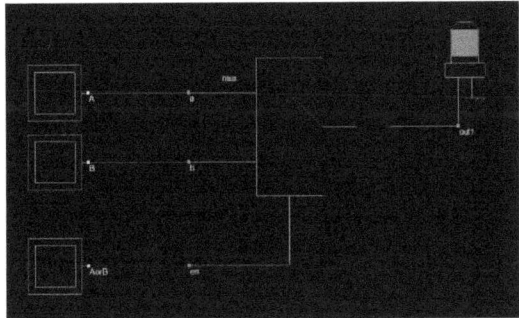

Fig 3.5 Schema a blocchi del MUX

Mux standard:

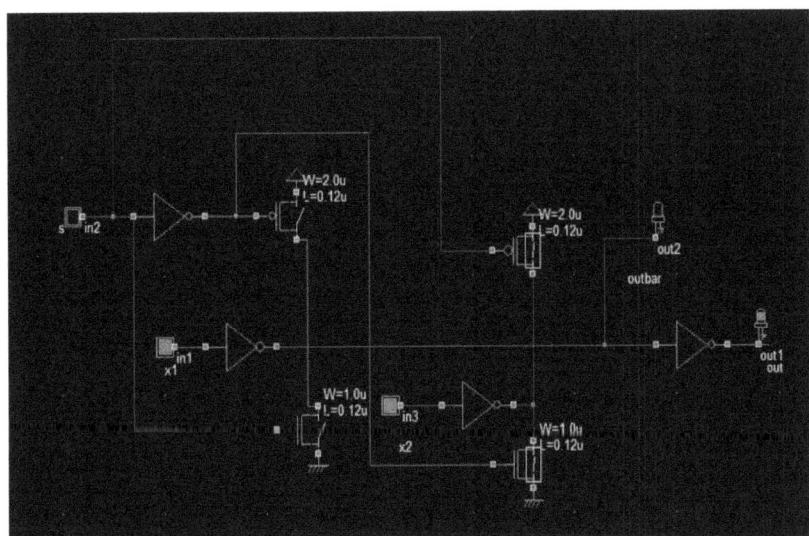

Fig 3.6 Progetto di DSCH con MUX standard

Forme d'onda MUX esistenti:

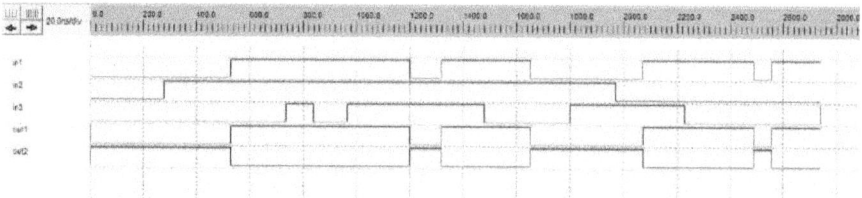

Fig 3.7 Progetto di DSCH con forma d'onda MUX standard

Viene presentata una nuova architettura. In questa architettura l'accento è posto sull'uso di multiplexer invece che di porte XOR. Questo perché l'uso dei multiplexer migliora la velocità quando sono posizionati nel percorso critico. Per il modulo XOR-XNOR, questo lavoro utilizza lo stile logico CMOS tradizionale e per il modulo MUX utilizza una combinazione di uno stile logico CMOS tradizionale con uno stile logico a gate di trasmissione che viene utilizzato solo nei percorsi interni dell'adder a causa della limitata capacità di pilotaggio.

Rappresentazione del blocco MUX proposto:

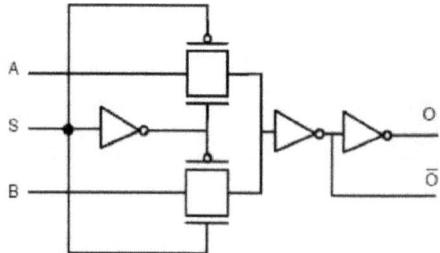

Fig 3.8 Multiplexer (MUX) implementato con le porte di trasmissione.

Mux proposto:

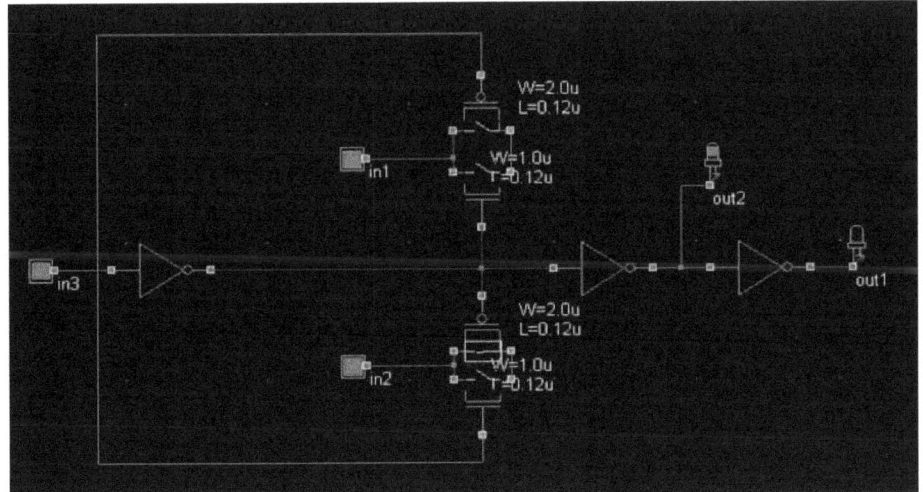

Fig 3.9 Struttura DSCH del MUX proposto

Forme d'onda del MUX proposto:

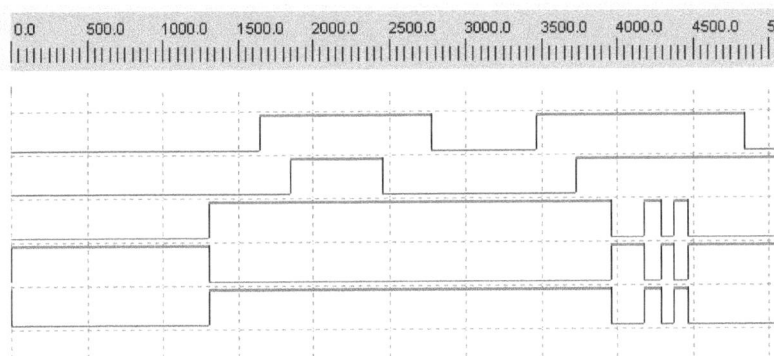

Fig 3.10 Progettazione DSCH delle forme d'onda del MUX proposto

Progetto XOR/XNOR proposto:

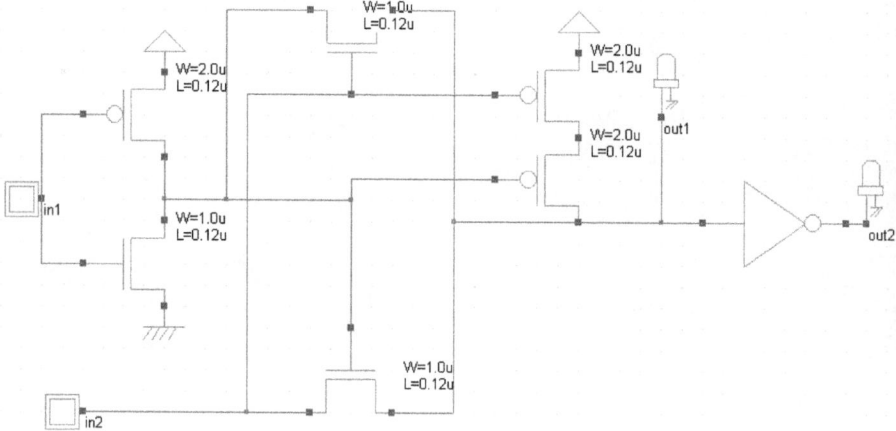

Fig 3.11 Struttura DSCH dello XOR/XNOR proposto

Forme d'onda di progettazione XOR/XNOR proposte:

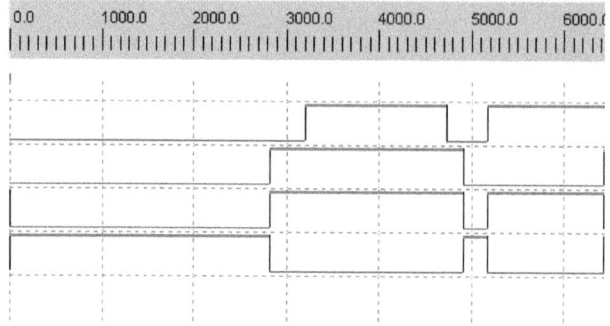

Fig 3.12 Struttura DSCH delle forme d'onda XOR/XNOR proposte

3.3.2 Requisiti minimi: I requisiti minimi per questo progetto sono i seguenti.

Strumenti software:

Strumento EDA Tanner per la rappresentazione schematica anche delle forme d'onda e dello scopo operativo.

Strumenti di backend per il layout e la progettazione logica gerarchica di progetti di compressori 4:2.

3.4 Diagramma a blocchi:

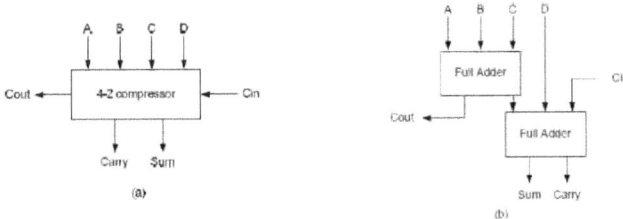

Fig 3.13a Schema a blocchi del compressore 4:2 proposto 3.4b Schema a blocchi dettagliato del compressore 4:2

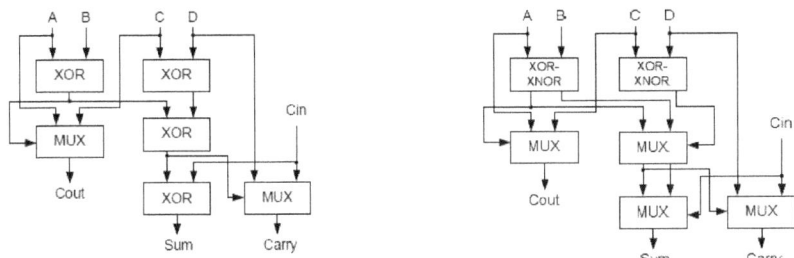

Fig 3.14a Modulo XOR FA Fig 3.14b FA con moduli XOR-XNOR

3.5 Attuazione del progetto:

In primo luogo, si procede all'implementazione di un compressore 3:2 utilizzando nuovi moduli XOR/XNOR. In questo caso, per implementare il compressore 3:2 si utilizza un singolo sommatore completo. Per quanto riguarda i compressori 4:2, invece, si utilizzano 2 circuiti full-adder per l'implementazione. Per una chiara comprensione dei compressori 4:2, passiamo ai compressori 3:2.

a) Compressore 3:2:

Qui viene presentato l'adder 3:2 compressore. Come mostrato nella tabella di verità, il funzionamento è lo stesso dell'addizionatore completo. Sono necessari 3 ingressi A, B, C per generare 2 uscite, la somma e i bit di riporto.

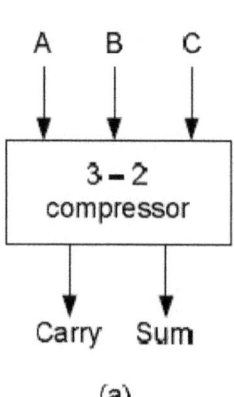

A	B	C	Sum	Carry
0	0	0	0	0
0	0	1	1	0
0	1	0	1	0
0	1	1	0	1
1	0	0	1	0
1	0	1	0	1
1	1	0	0	1
1	1	1	1	1

(a)   (b)

Fig 3.15a Compressore sommatore 3-2 Tabella 2 Tabella di verità per il compressore sommatore 3-2

Questo compressore è governato dalla seguente equazione: A+B+C=somma+2(carry).

La Fig. 3.14a mostra le due architetture implementate in questo lavoro. L'architettura tradizionale, mostrata nella Fig. 3.14b, è implementata utilizzando lo stile logico CMOS dei moduli XOR-XNOR e MUX. Questa architettura è governata dalle seguenti equazioni:

$$Sum = A \oplus B \oplus C$$

$$Carry = (A \oplus B) * C + \overline{(A \oplus B)} * A$$

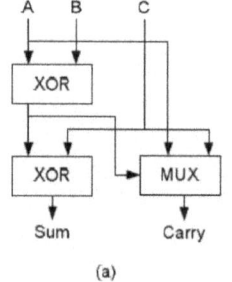 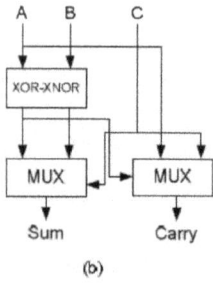

(a)   (b)

Fig 3.16a Architettura tradizionale dei compressori 3-2 3.16b Architettura migliorata per un compressore 3-2

Questa architettura utilizza il modulo XOR-XNOR presentato nella Figura 3.16(b) e la versione con gate di trasmissione del modulo MUX presentato nella Figura 3.16(a). Questa architettura è regolata dalle seguenti equazioni:

$$Sum = (A \oplus B) * \overline{C} + \overline{(A \oplus B)} * C$$

$$Carry = (A \oplus B) * C + \overline{(A \oplus B)} * A$$

a) **Compressori 4:2:**

Il compressore 4-2 ha 5 ingressi A, B, C, D e Cin per generare 3 uscite Sum, Carry e Cout, come mostrato nella Fig. 3.17a. I 4 ingressi A, B, C e D e l'uscita Sum hanno lo stesso peso. L'ingresso Cin è l'uscita di un precedente compressore a significatività inferiore e l'uscita Cout è destinata al compressore dello stadio significativo successivo. L'approccio convenzionale per implementare i compressori 4-2 prevede 2 sommatori completi collegati in serie, come mostrato nella Fig. 3.17b.

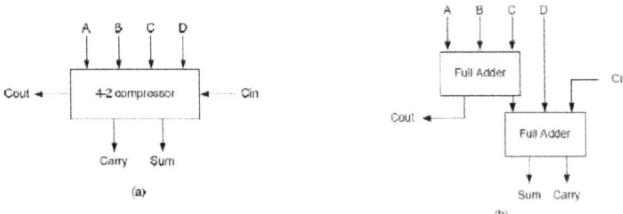

Fig 3.17a Compressore adder 4:2 3.17b Compressori adder 4:2 implementati con sommatori completi

L'architettura tradizionale è mostrata nella Figura 3.18a e utilizza lo stile logico CMOS dei moduli XOR-XNOR e MUX in modo simile ai compressori 3:2. Questa architettura è regolata dalle seguenti equazioni: A+B+C+D+CIN= SOMMA+2(CARRY+COUT).

$$Sum = A \oplus B \oplus C \oplus D \oplus Cin$$

$$Cout = (A \oplus B) * C + \overline{(A \oplus B)} * A$$

$$Carry = (A \oplus B \oplus C \oplus D) * Cin + \overline{(A \oplus B \oplus C \oplus D)} * D$$

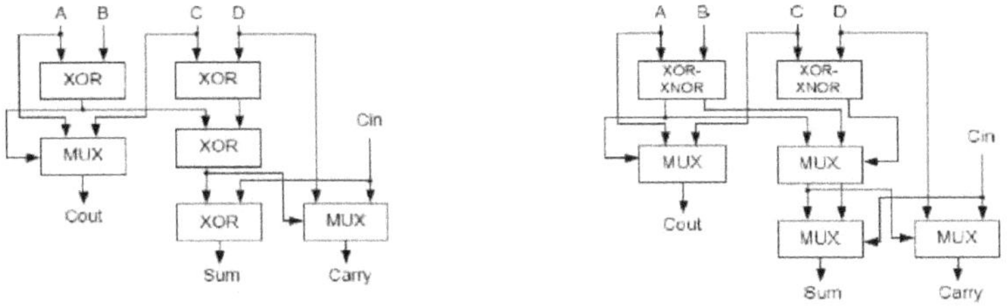

Fig 3.18a Architettura tradizionale dei compressori 4:2 3.18b Architettura migliorata con i moduli XOR- XNOR e MUX di un compressore 4:2

Diagramma a blocchi del Full Adder 4:2 proposto:

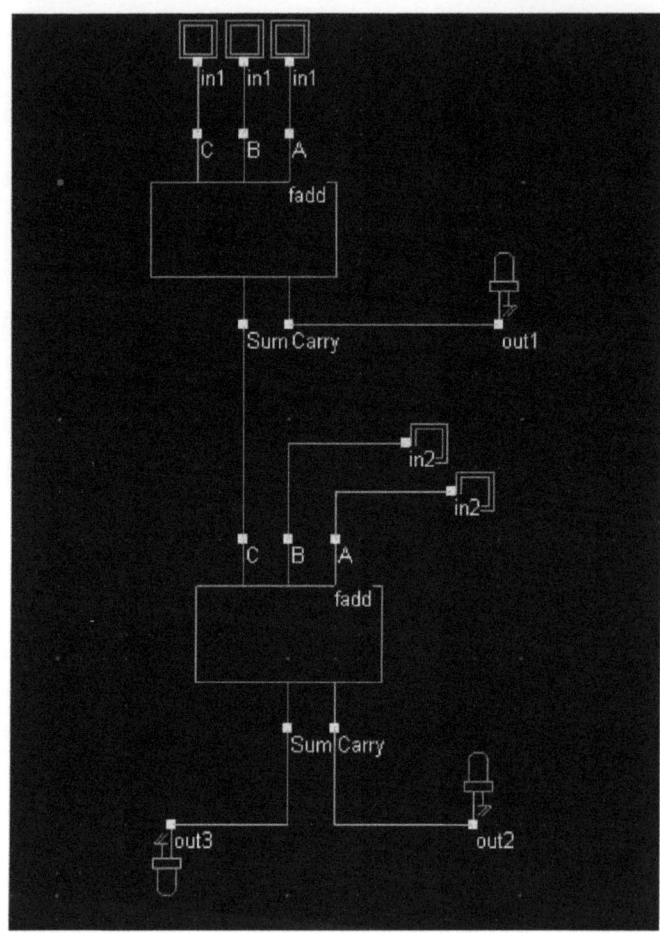

Fig 3.19 Schema a blocchi del DSCH 4:2 FA proposto

Forme d'onda di progettazione 4:2 proposte:

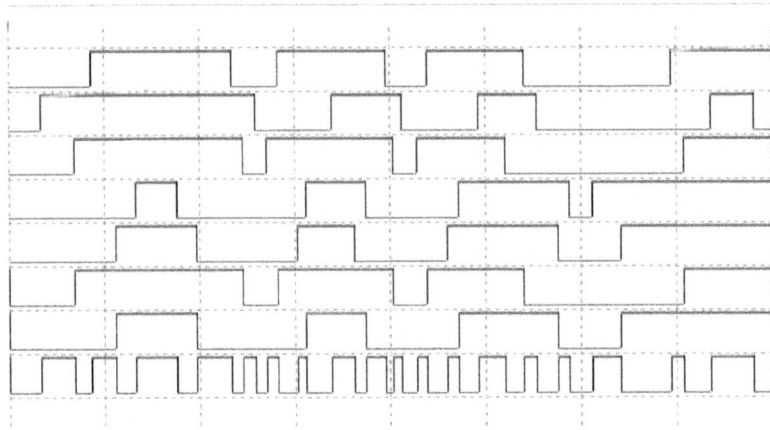

Fig 3.20 Progettazione DSCH delle forme d'onda FA 4:2 proposte

Inputs				Cin = 0		Cin = 1		Cout
A	B	C	D	Carry	Sum	Carry	Sum	
0	0	0	0	0	0	0	1	0
0	0	0	1					
0	0	1	0	0	1	1	0	0
0	1	0	0					
1	0	0	0					
0	0	1	1					
0	1	1	0					
1	1	0	0	0	0	0	1	1
0	1	0	1					
1	0	1	0					
1	0	0	1					
0	1	1	1					
1	1	1	0	0	1	1	0	1
1	1	0	1					
1	1	1	0					
1	1	1	1	1	0	1	1	1

Tabella 3 Tabella di verità del compressore 4:2

3.5   Ambiente di sviluppo del progetto:

Progettazione del circuito FA proposto:

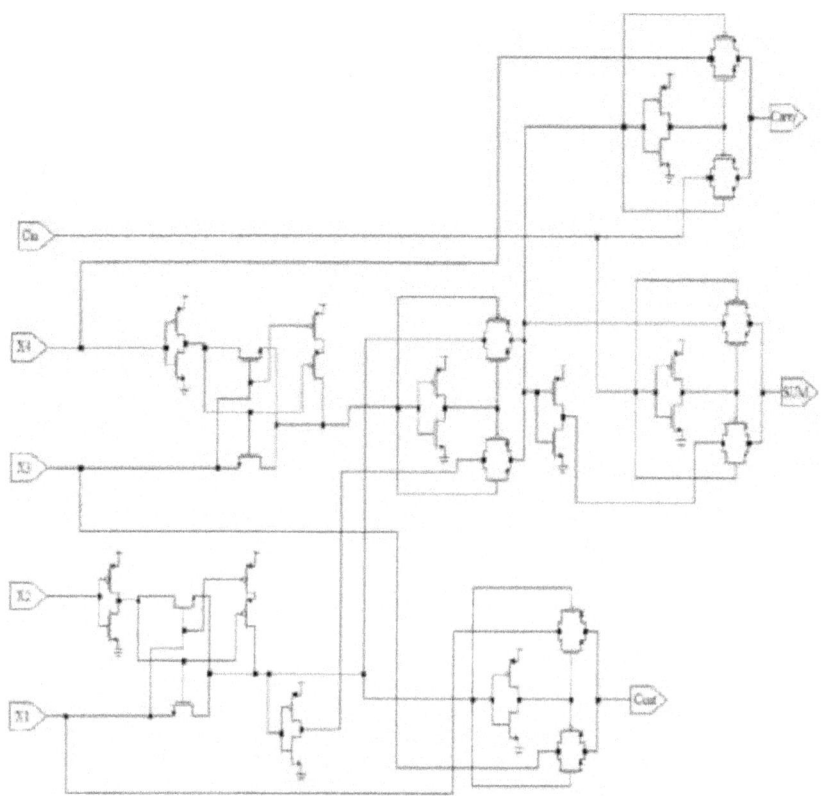

Fig 3.21 Progetto del circuito FA proposto

Progettazione DSCH del circuito FA proposto:

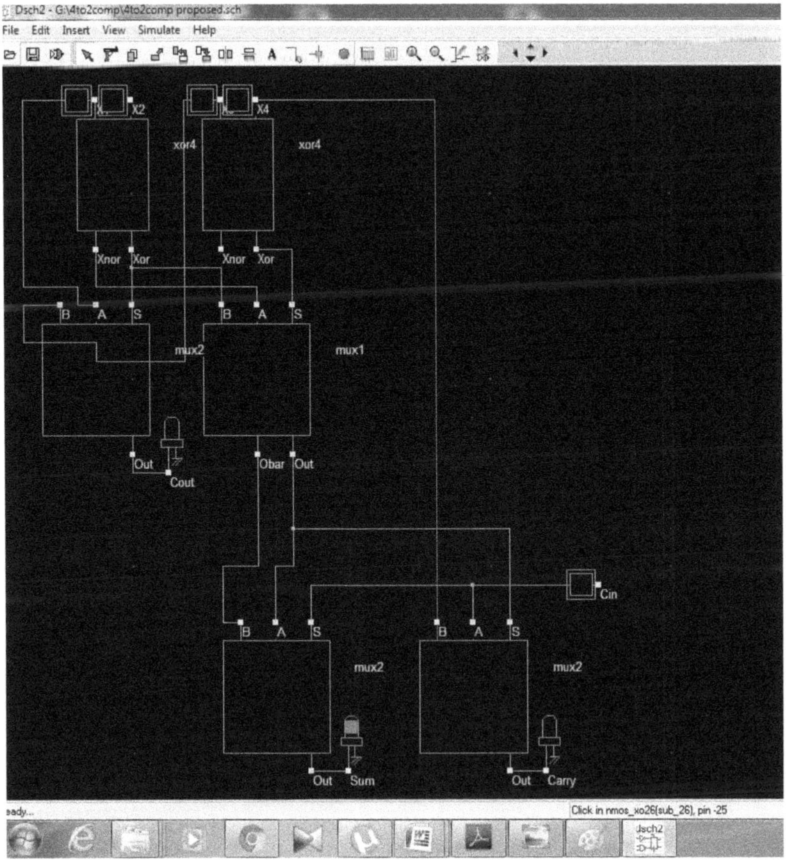

Fig 3.22 Progetto di DSCH del circuito 4:2 FA proposto

Circuito proposto 4:2 Forme d'onda FA:

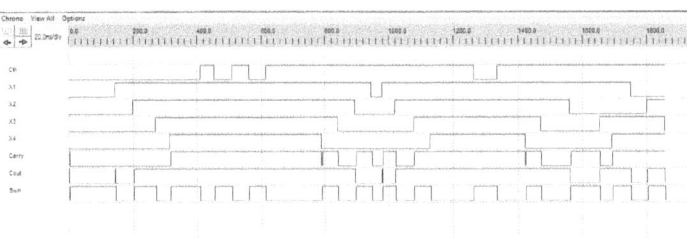

Fig 3.23 Progettazione DSCH delle forme d'onda del circuito 4:2 FA proposto

CAPITOLO 4 SOFTWARE

4.1 Software Tanner:

I semiconduttori e i sistemi elettronici di oggi sono così complessi che la loro progettazione sarebbe impossibile senza l'automazione della progettazione elettronica (EDA). Questa guida fornisce una panoramica completa del processo di progettazione elettronica e descrive come i team di progettazione utilizzano gli strumenti Cadence per creare il miglior progetto possibile nel minor tempo possibile.

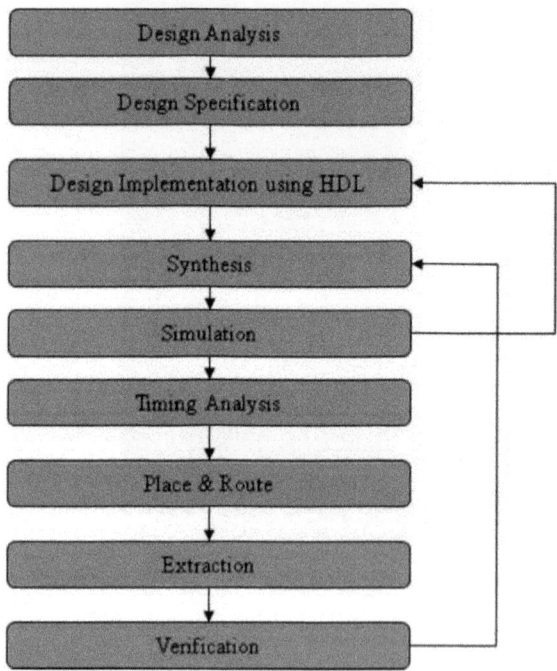

Fig 4.1 flusso di progettazione dello strumento conciatore

Specifiche di progettazione:

Questa fase prevede l'indicazione precisa delle prestazioni del chip. Ad esempio, se stiamo realizzando un processore, a questo punto si indicano chiaramente le dimensioni dei dati, la velocità del processore, le funzioni speciali, la potenza ecc. In qualche modo si decide anche il modo in cui implementare il progetto. Quindi, si occupa della parte architettonica del progetto al livello più alto possibile. [1]

HDL:

Per eseguire le simulazioni si utilizza l'Hardware Description Language. È molto costoso costruire l'intero chip e poi verificare le prestazioni dell'architettura. Immaginate se, dopo aver progettato un chip per un anno intero, il chip fabbricato non si avvicina neanche lontanamente alle specifiche dichiarate. I linguaggi di descrizione dell'hardware offrono un modo per implementare un progetto senza approfondire l'architettura, simulare e verificare l'output e la funzionalità del progetto. Ad esempio, piuttosto che costruire un progetto di mux in hardware, possiamo scrivere codice verilog e verificare l'output a un livello di astrazione superiore.

Esempi di HDL: VHDL, Verilog HDL

Strumenti di progettazione EDA Tanner:

- S-edit - uno strumento di acquisizione schematica
- T-SPICE - il motore di simulazione SPICE integrato con S-edit
- W-edit - formattazione della forma d'onda

Strumenti Tanner:

- Tanner EDA è una suite di strumenti per la progettazione di circuiti integrati.
- Tanner EDA è utilizzato principalmente per analizzare i circuiti a livello di interruttore e di porta.
- inserire gli schemi
- eseguire simulazioni SPICE
- Eseguire controlli delle regole di progettazione (DRC) e controlli del layout rispetto allo schema (LVS).

S-EDIT:

- S-Edit è un potente strumento di cattura e inserimento dei progetti che può generare elenchi di reti direttamente utilizzabili nelle simulazioni T-Spice.
- Fornisce un ambiente integrato per la modifica dei circuiti, l'impostazione e l'esecuzione di simulazioni e la verifica dei risultati.
- Inoltre, consente di eseguire simulazioni SPICE del circuito.
- Questi circuiti possono essere trasferiti in un layout fisico.

T-SPICE:

- Si tratta di una soluzione completa per l'acquisizione e la simulazione dei progetti che garantisce la precisione.
- Il ruolo di T-Spice è quello di aiutare a progettare e verificare il funzionamento di un circuito.
- I risultati della simulazione T-Spice consentono ai progettisti di circuiti di verificare e mettere a punto i progetti prima di sottoporli alla fabbricazione.
- Esegue simulazioni rapide e accurate per progetti di circuiti integrati analogici e a segnale misto e supporta pienamente i modelli di fonderia per simulazioni affidabili e accurate.

T-SPICE vs. SPICE:

- T-Spice utilizza una versione estesa di SPICE, compatibile con tutti i programmi di simulazione SPICE standard del settore.
- Velocità: T-Spice fornisce codice altamente ottimizzato per la valutazione del dispositivo.
- Offre inoltre l'opzione di valutazione dei modelli di transistor su base tabellare, che consente di aumentare

notevolmente la velocità di simulazione.

4.2 Microeolico:

Regole di progettazione del layout di CMOS

Le regole di progettazione sono il collegamento di comunicazione tra il progettista che specifica i requisiti e il fabbricante che li materializza. Le regole di progettazione vengono utilizzate per produrre layout di maschere fattibili da cui verranno formati o modellati i vari strati di silicio. L'obiettivo di un insieme di regole di progettazione è quello di consentire una pronta traduzione dei concetti di progettazione dei circuiti, solitamente in forma simbolica, in geometria reale nel silicio.

Il primo gruppo di regole di progettazione è basato su lambda. Queste regole sono dirette e relativamente semplici da applicare. Sono reali e i chip possono essere fabbricati dal layout della maschera utilizzando l'insieme di regole basate su lambda. Tutti i percorsi in tutti gli strati saranno dimensionati in lambda 'λ' e successivamente si potrà assegnare a lambda un valore appropriato compatibile con le dimensioni delle caratteristiche del processo di fabbricazione.

Regole di progettazione

N well Design Rules:

r101   Minimum well size: 12 □

r102   Between wells: 12 □

r110   Minimum surface: 144 □^{2}

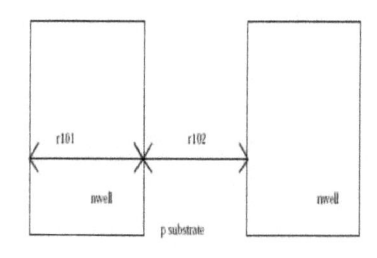

Regole di progettazione della diffusione:

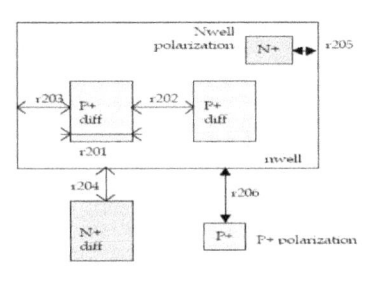

r201 Minimum N+ and P+ diffusion width: 4 □

r202 Between two P+ and N+ diffusions: 4 □

r203 Extra nwell after P+ diffusion: 6 □

r204 Between N+ diffusion and nwell: 6 □

r205 Border of well after N+ polarization 2 □

r206 Distance between Nwell and P+ polarization 6 □

r210 Minimum surface: 24 □^{2}

Polysilicon Design Rules:

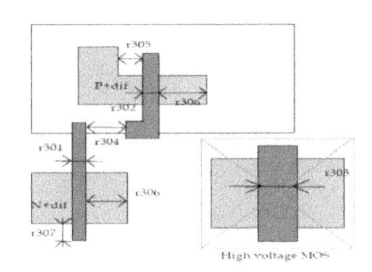

r301 Polysilicon width: 2 □

r302 Polysilicon gate on diffusion: 2 □

r303 Polysilicon gate on diffusion for high voltage MOS: 4 □

r304 Between two polysilicon boxes: 3 □

r305 Polysilicon vs. other diffusion: 2 □

r306 Diffusion after polysilicon: 4 □

r307 Extra gate after polysilicon: 3 □

r310 Minimum surface: 8 □^{2}

2nd Polysilicon Design Rules

r311 Polysilicon2 width: 2 ☐

r312 Polysilicon2 gate on diffusion: 2 ☐

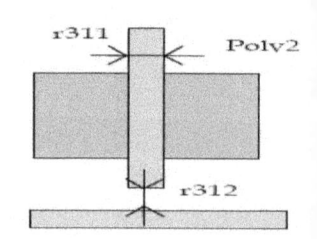

Option Design Rules

R0 pt Border of "option" layer over diff N+ and diff P+

Contact Design Rules

r401 Contact width: 2 ☐

r402 Between two contacts: 5 ☐

r403 Extra diffusion over contact: 2 ☐

r404 Extra poly over contact: 2 ☐

r405 Extra metal over contact: 2 ☐

r406 Distance between contact and poly gate: 3 ☐

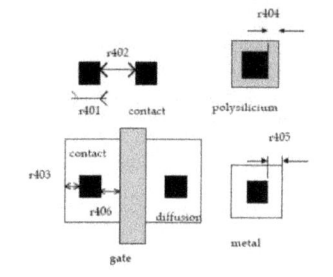

Metal & Via Design Rules

r501 Metal width: 4 ☐

r502 Between two metals: 4 ☐

r510 Minimum surface: 32 ☐ 2

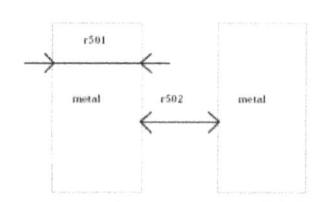

r601 Via width: 2 λ

r602 Between two Via: 5 λ

r603 Between Via and contact: 0 λ

r604 Extra metal over via: 2 λ

r605 Extra metal2 over via: 2 λ

Metal2 & Via2 Design Rules

r701 Metal width: 4 λ

r702 Between two metal2: 4 λ

r710 Minimum surface: 32 λ^2

r801 Via2 width: 2 λ

r802 Between two Via2: 5 λ

r804 Extra metal2 over via2: 2 λ

r805 Extra metal3 over via2: 2 λ

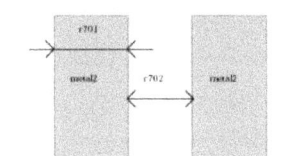

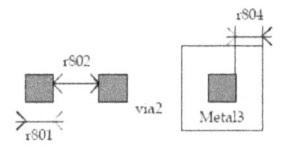

Metal 3 & Via 3 Design Rules

r901 Metal3 width: 4 λ

r902 Between two metal3: 4 λ

r910 Minimum surface: 32 λ^2

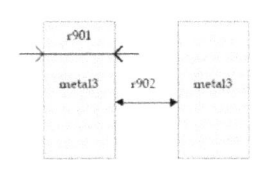

ra01 Via3 width: 2 □

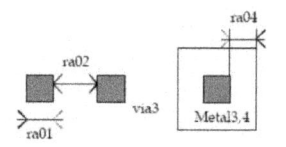

ra02 Between two Via3: 5 □

ra04 Extra metal3 over via3: 2 □

ra05 Extra metal4 over via3: 2 □

rb01 Metal4 width: 4 □

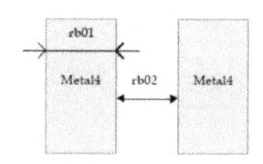

rb02 Between two metal4: 4 □

rb10 Minimum surface: 32 □²

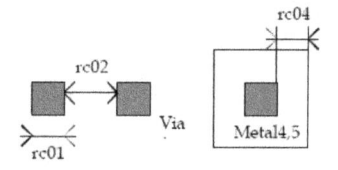

rc01 Via4 width: 2 □

rc02 Between two Via4: 5 □

rc04 Extra metal4 over via2: 3 □

rc05 Extra metal5 over via2: 3 □

Metal 5 & Via 5 Design Rules

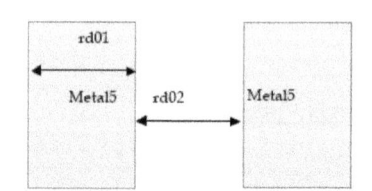

rd01 Metal5 width: 8 □

rd02 Between two metal5: 8 □

rd10 Minimum surface: 100 □ 2

re01 Via5 width: 4 □

re02 Between two Via5: 6 □

re04 Extra metal5 over via5: 3 □

re05 Extra metal6 over via5: 3 □

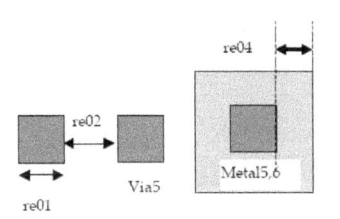

Metal 6 Design Rules

rf01 Metal6 width: 8 □

rf02 Between two metal6: 15 □

rf10 Minimum surface: 300

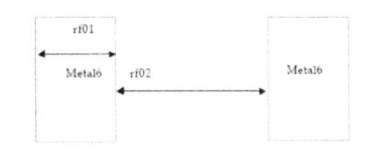

Pad Design Rules

rp01 Pad width: 100 µm

rp02 Between two pads 100 µm

rp03 Opening in passivation v.s via: 5µm

rp04 Opening in passivation v.s metals: 5µm

rp05 Between pad and unrelated active area: 20 µm

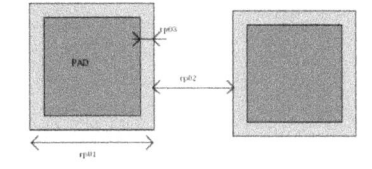

Micro wind 3.5 menus

FILE MENU

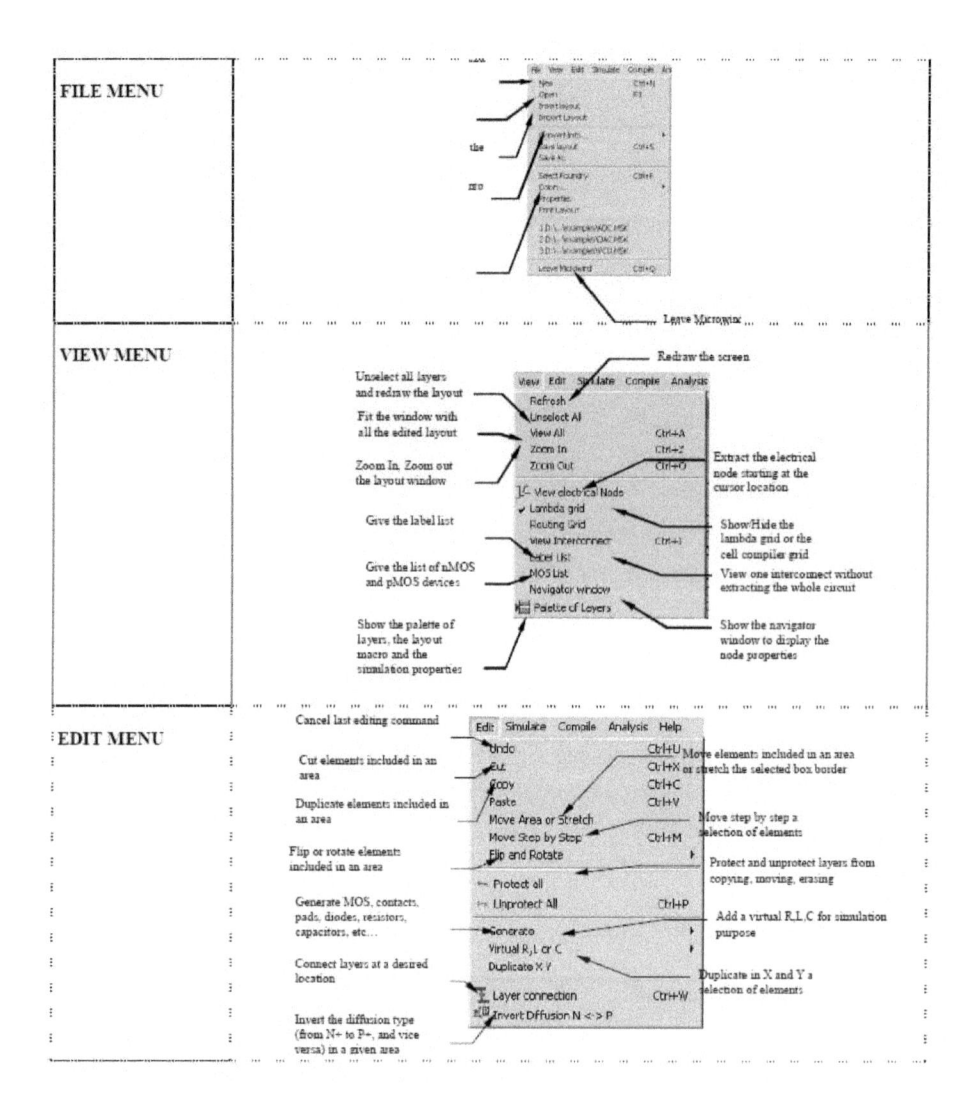

(the ... nts)

File menu items:
- New — Ctrl+N
- Open — F3
- Insert Layout
- Import Layout
- Convert Into
- Save Layout — Ctrl+S
- Save As
- Select Foundry — Ctrl+F
- Color
- Properties
- Print Layout
- 1 D:\...\examples\ADC.MSK
- 2 D:\...\examples\DAC.MSK
- 3 D:\...\examples\VCO.MSK
- Leave Microwind — Ctrl+Q

→ Leave Microwind...

VIEW MENU

View menu items with annotations:
- Refresh — Redraw the screen
- Unselect All — Unselect all layers and redraw the layout
- View All — Ctrl+A — Fit the window with all the edited layout
- Zoom In — Ctrl+Z
- Zoom Out — Ctrl+O — Zoom In, Zoom out the layout window
- View electrical Node — Extract the electrical node starting at the cursor location
- Lambda grid
- Routing Grid — Show/Hide the lambda grid and/or the cell compiler grid
- View Interconnect — Ctrl+I — View one interconnect without extracting the whole circuit
- Label List — Give the label list
- MOS List — Give the list of nMOS and pMOS devices
- Navigator window — Show the navigator window to display the node properties
- Palette of Layers — Show the palette of layers, the layout macro and the simulation properties

EDIT MENU

Edit menu items with annotations:
- Undo — Ctrl+U — Cancel last editing command
- Cut — Ctrl+X — Cut elements included in an area
- Copy — Ctrl+C
- Paste — Ctrl+V — Duplicate elements included in an area
- Move Area or Stretch — Move elements included in an area or stretch the selected box border
- Move Step by Step — Ctrl+M — Move step by step a selection of elements
- Flip and Rotate — Flip or rotate elements included in an area
- Protect all — Protect and unprotect layers from copying, moving, erasing
- Unprotect All — Ctrl+P
- Generate — Generate MOS, contacts, pads, diodes, resistors, capacitors, etc...
- Virtual R, L or C — Add a virtual R,L,C for simulation purpose
- Duplicate X Y — Duplicate in X and Y a selection of elements
- Layer connection — Ctrl+W — Connect layers at a desired location
- Invert Diffusion N <-> P — Invert the diffusion type (from N+ to P+, and vice versa) in a given area

SIMULATE MENU

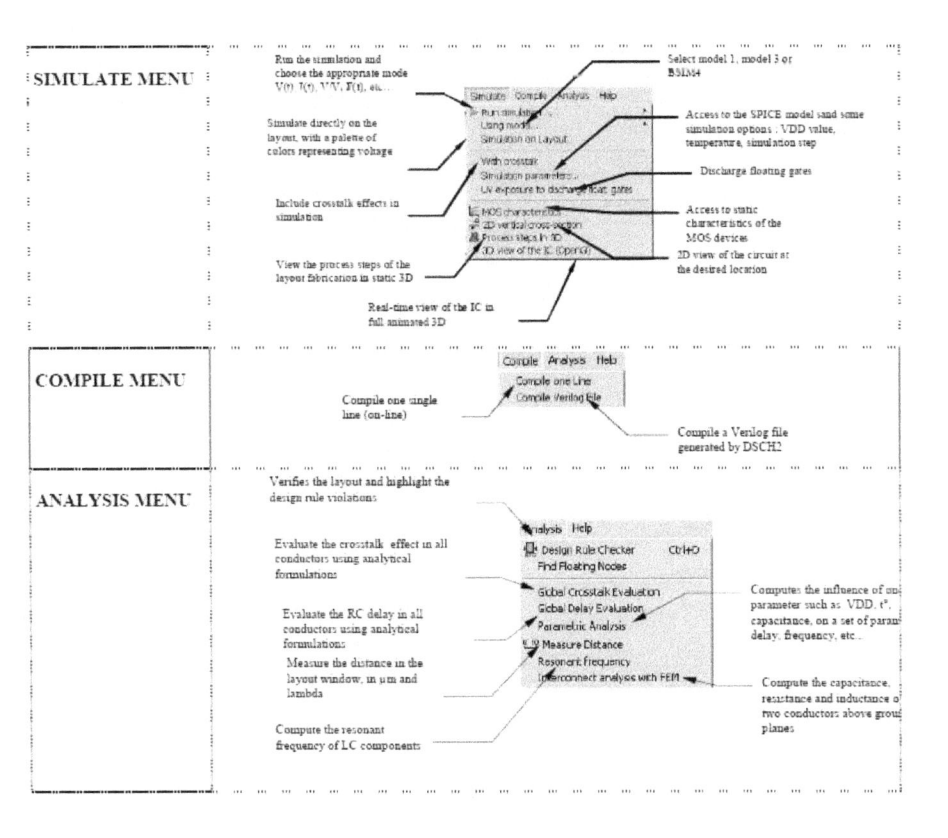

- Run the simulation and choose the appropriate mode V(t), I(t), V/V, I(t), etc...
- Simulate directly on the layout, with a palette of colors representing voltage
- Include crosstalk effects in simulation
- View the process steps of the layout fabrication in static 3D
- Real-time view of the IC in full animated 3D
- Select model 1, model 3 or BSIM4
- Access to the SPICE models and some simulation options: VDD value, temperature, simulation step
- Discharge floating gates
- Access to static characteristics of the MOS devices
- 2D view of the circuit at the desired location

COMPILE MENU

- Compile one single line (on-line)
- Compile a Verilog file generated by DSCH2

ANALYSIS MENU

- Verifies the layout and highlight the design rule violations
- Evaluate the crosstalk effect in all conductors using analytical formulations
- Evaluate the RC delay in all conductors using analytical formulations
- Measure the distance in the layout window, in µm and lambda
- Compute the resonant frequency of LC components
- Computes the influence of one parameter such as VDD, t°, capacitance, on a set of parameters: delay, frequency, etc..
- Compute the capacitance, resistance and inductance of two conductors above ground planes

PALETTE

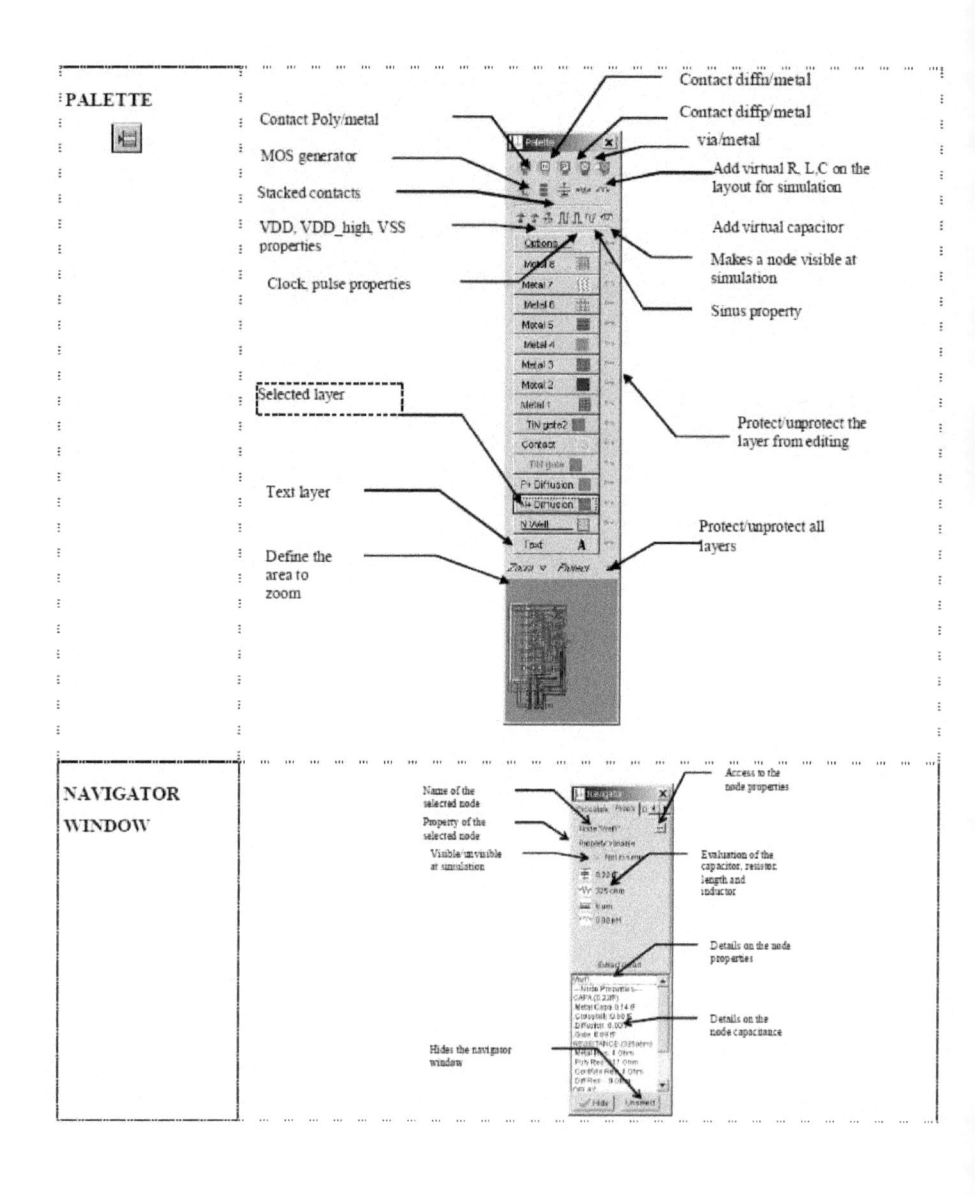

- Contact Poly/metal
- MOS generator
- Stacked contacts
- VDD, VDD_high, VSS properties
- Clock, pulse properties
- Selected layer
- Text layer
- Define the area to zoom

- Contact diffn/metal
- Contact diffp/metal
- via/metal
- Add virtual R, L, C on the layout for simulation
- Add virtual capacitor
- Makes a node visible at simulation
- Sinus property
- Protect/unprotect the layer from editing
- Protect/unprotect all layers

NAVIGATOR WINDOW

- Name of the selected node
- Property of the selected node
- Visible/invisible at simulation
- Hides the navigator window

- Access to the node properties
- Evaluation of the capacitor, resistor, length and inductor
- Details on the node properties
- Details on the node capacitance

42

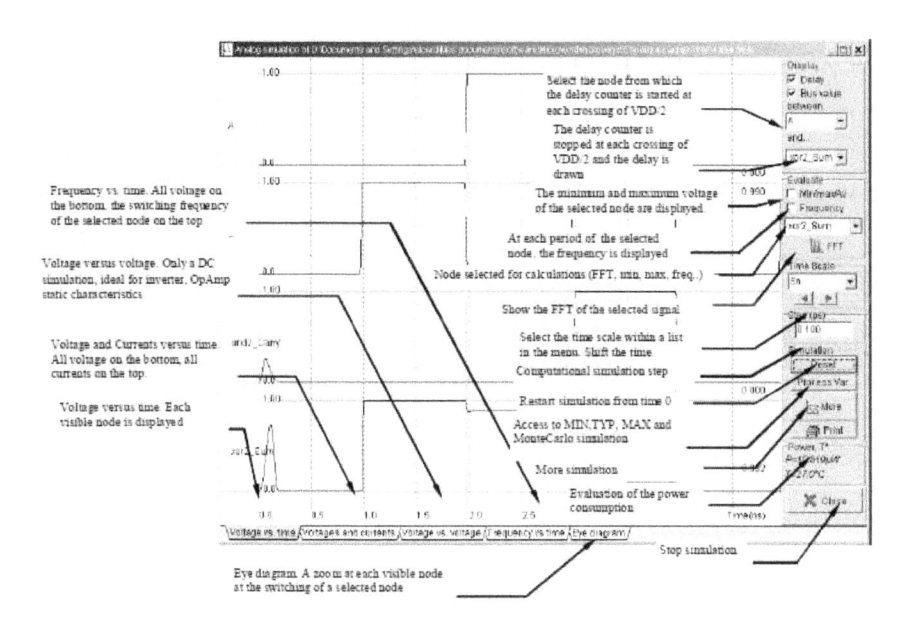

[Figure: Analog simulation window with annotated callouts describing display options, delay counter, FFT, time scale, simulation controls, eye diagram, and various plot types (Voltage vs. time, Voltages and currents, Voltage vs. voltage, Frequency vs. time, Eye diagram).]

4.3 ELENCO ICONE DSCH:

Icon	Description	Icon	Description
	Open a layout file (MSK format)		Extract and simulate the circuit
	Save the layout file in MSK format		Measure the distance in lambda and micron between two points
	Draw a box using the selected layer of the palette		2D vertical aspect of the device
	Delete boxes or text.		Animated 3D view of the layout using OpenGL
	Copy boxes or text		Step by step fabrication of the layout in 3D
	Stretch or move elements		Design rule checking of the circuit. Errors are notified in the layout
	Zoom In		Add a text to the layout. The text may include simulation properties.
	Zoom Out		Connect the lower to the upper layers at the desired location using appropriate contacts.
	View all the drawing		Static MOS characteristics
	Extract and view the electrical node pointed by the cursor		View the palette
			Move the layout up, left, right, down

MENÙ DSCH

Menu File

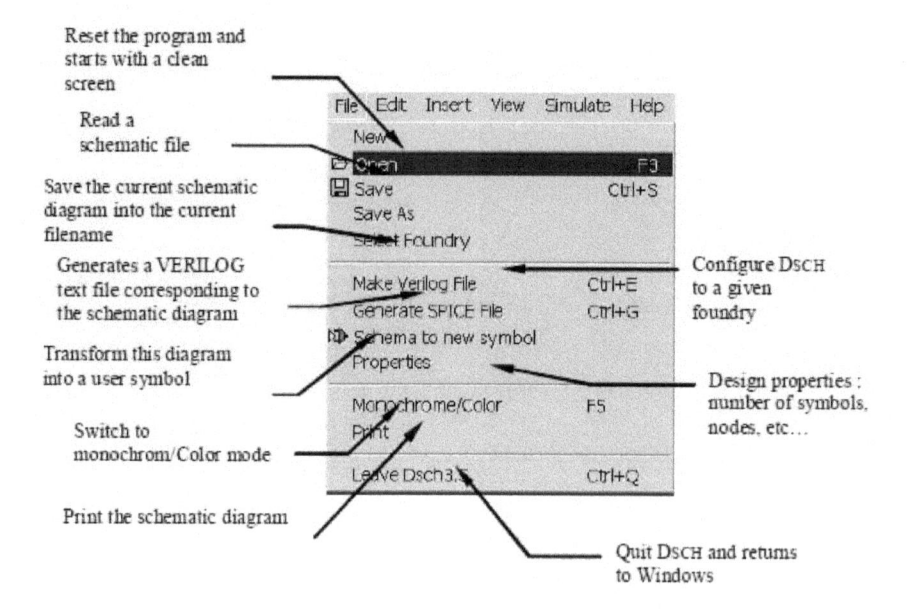

- Reset the program and starts with a clean screen
- Read a schematic file
- Save the current schematic diagram into the current filename
- Generates a VERILOG text file corresponding to the schematic diagram
- Transform this diagram into a user symbol
- Switch to monochrom/Color mode
- Print the schematic diagram
- Configure DSCH to a given foundry
- Design properties: number of symbols, nodes, etc...
- Quit DSCH and returns to Windows

File menu items:
- New
- Open — F3
- Save — Ctrl+S
- Save As
- Select Foundry
- Make Verilog File — Ctrl+E
- Generate SPICE File — Ctrl+G
- Schema to new symbol
- Properties
- Monochrome/Color — F5
- Print
- Leave Dsch 3 — Ctrl+Q

Menu Modifica

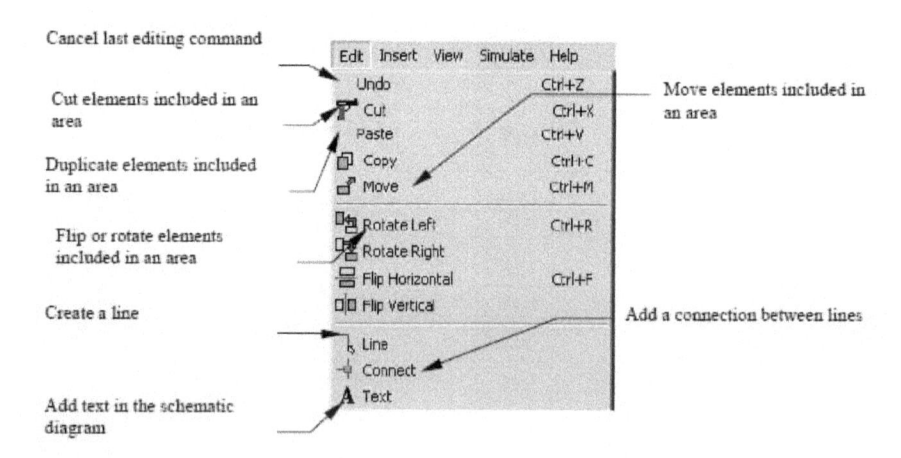

- Cancel last editing command
- Cut elements included in an area
- Duplicate elements included in an area
- Flip or rotate elements included in an area
- Create a line
- Add text in the schematic diagram
- Move elements included in an area
- Add a connection between lines

Edit menu items:
- Undo — Ctrl+Z
- Cut — Ctrl+X
- Paste — Ctrl+V
- Copy — Ctrl+C
- Move — Ctrl+M
- Rotate Left — Ctrl+R
- Rotate Right
- Flip Horizontal — Ctrl+F
- Flip Vertical
- Line
- Connect
- Text

Menu Inserisci

44

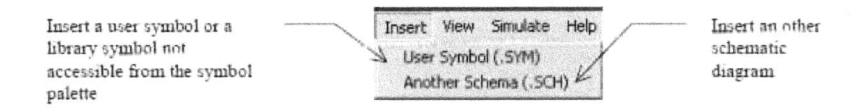

Insert a user symbol or a library symbol not accessible from the symbol palette

Insert an other schematic diagram

Visualizza menu

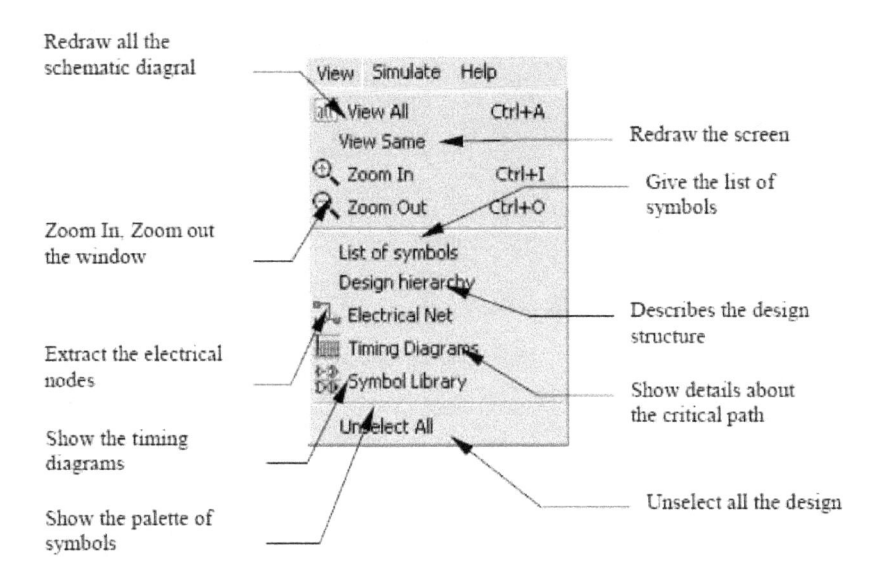

Redraw all the schematic diagral

Redraw the screen

Zoom In, Zoom out the window

Give the list of symbols

Extract the electrical nodes

Describes the design structure

Show the timing diagrams

Show details about the critical path

Show the palette of symbols

Unselect all the design

Menu Simulazione

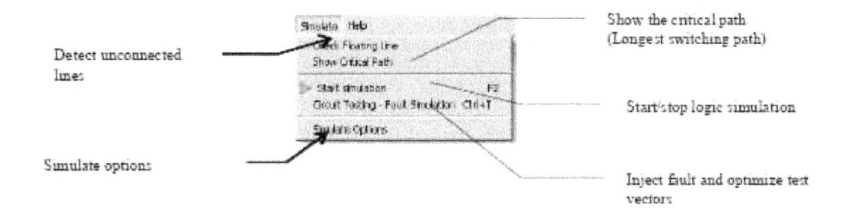

Detect unconnected lines

Show the critical path (Longest switching path)

Simulate options

Start/stop logic simulation

Inject fault and optimize test vectors

Tavolozza dei simboli

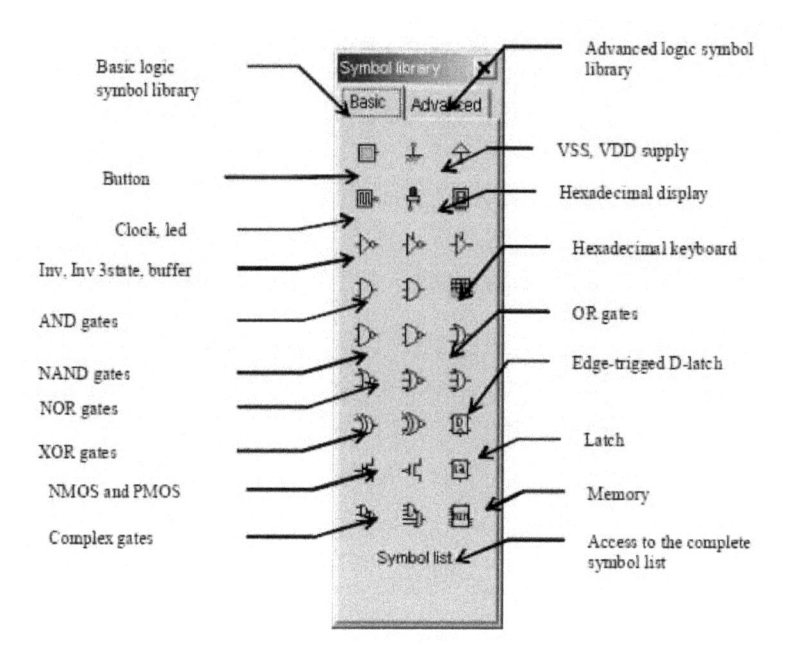

- Basic logic symbol library
- Button
- Clock, led
- Inv, Inv 3state, buffer
- AND gates
- NAND gates
- NOR gates
- XOR gates
- NMOS and PMOS
- Complex gates
- Advanced logic symbol library
- VSS, VDD supply
- Hexadecimal display
- Hexadecimal keyboard
- OR gates
- Edge-trigged D-latch
- Latch
- Memory
- Access to the complete symbol list

46

CAPITOLO 5 RISULTATI

5.1 SIMULAZIONE E RISULTATI:

Le tabelle seguenti mostrano i valori di consumo energetico di XOR /XNOR con diversi stili logici di implementazione

Circuito	Consumo di energia
CMOS statico	1,154930e-005watt
12 Transistor XOR/XNOR	6,147548e-006 Watt
CPL	1,162697e-006watt
Proposta	1,122486e-006watt

Tabella 4 Confronto del consumo di energia di XOR/XNOR

Per il progetto CMOS statico di XOR/XNOR, fare riferimento a pagina 63.

Per il progetto CMOS di XOR/XNOR a 12T, fare riferimento a pagina 64.

Per il progetto CMOS di CPL XOR/XNOR fare riferimento a pagina 65.

Per la proposta di progetto CMOS di XOR/XNOR fare riferimento a pagina 28.

Le tabelle seguenti mostrano i valori di consumo energetico del MUX con diversi stili logici di implementazione

Circuito	Consumo di energia
MUX CMOS statico	8,354183e-006 Watt
MUX proposto	7,478367e-008 watt

Tabella 5 Confronto del consumo di energia del MUX

Per la progettazione di MUX CMOS statici, fare riferimento a pagina 25.

Per il progetto del MUX proposto, fare riferimento a pagina 27.

Le tabelle seguenti mostrano i valori di consumo energetico del compressore 4:2 con l'implementazione di diversi stili logici.

Circuito	Consumo di energia
Design statico 4:2	1,141644e-005 Watt
Design 4:2 proposto	6,064625e-006 watt

Tabella 6 Confronto del consumo di energia del progetto 4:2

Per il design statico 4:2 fare riferimento a pagina 61.

Per la proposta di design 4:2 fare riferimento alla pagina n. 36.

5.2 PROGETTI DI LAYOUT PER I SISTEMI PROPOSTI:

Proposta di layout XOR/XNOR CMOS:

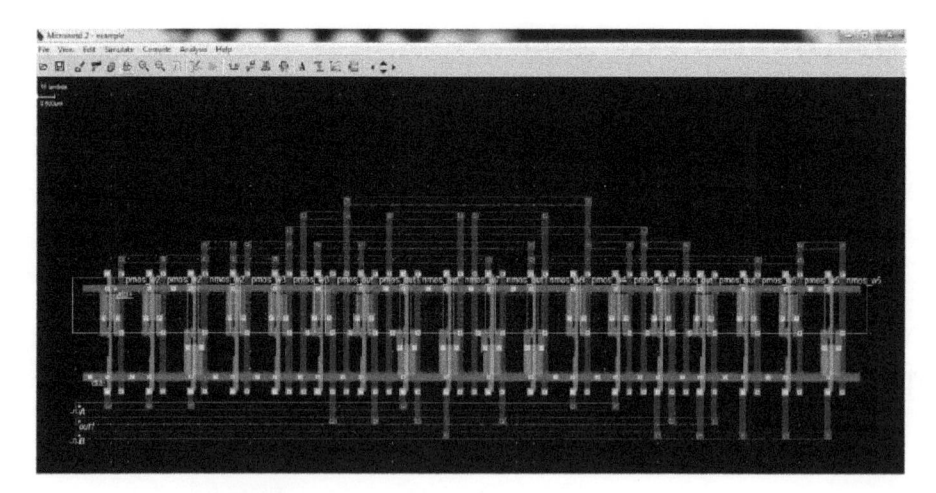

Fig 5.1 Layout XOR/XNOR CMOS proposto

Layout del MUX CMOS proposto:

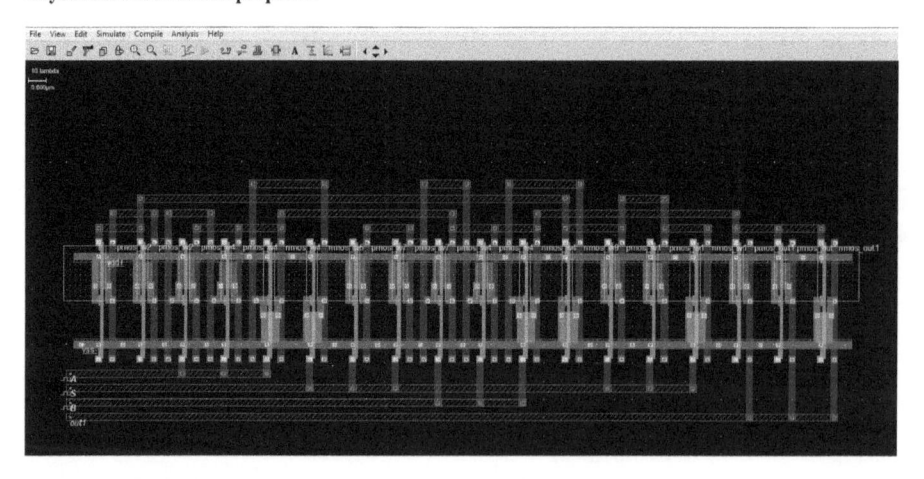

Fig 5.2 Layout del MUX CMOS proposto

Progetto schematico del compressore 4:2 proposto:

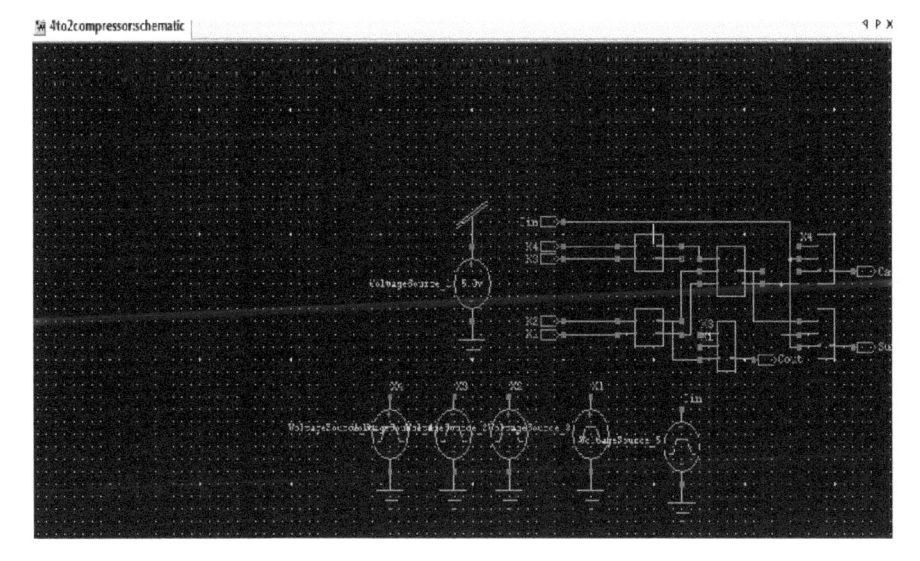

Fig 5.3 Schema del compressore 4:2 proposto

Simulazioni del compressore 4:2 proposte:

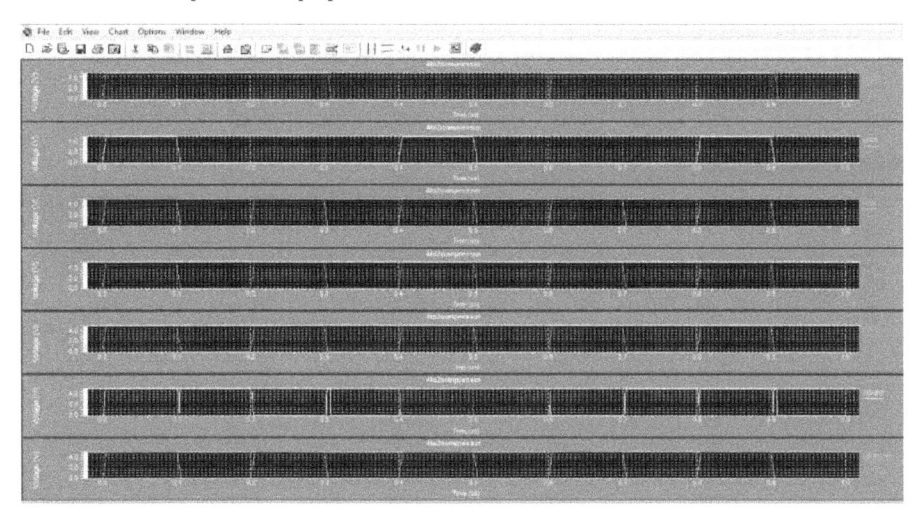

Fig 5.4 Forme d'onda del progetto schematico del compressore 4:2 proposto

Layout di progettazione del compressore 4:2 proposto:

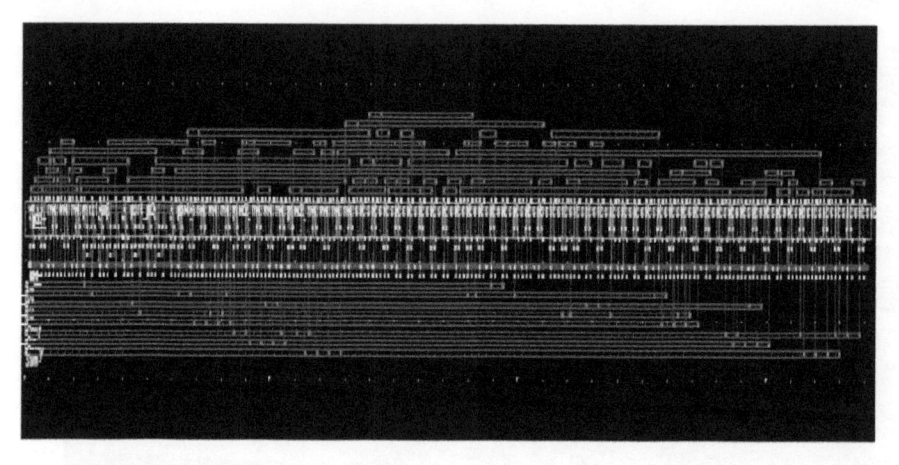

Fig 5.5 Schema di progetto del compressore 4:2 proposto

Progetto di compressore proposto 4:2 Forme d'onda delle tensioni rispetto al tempo:

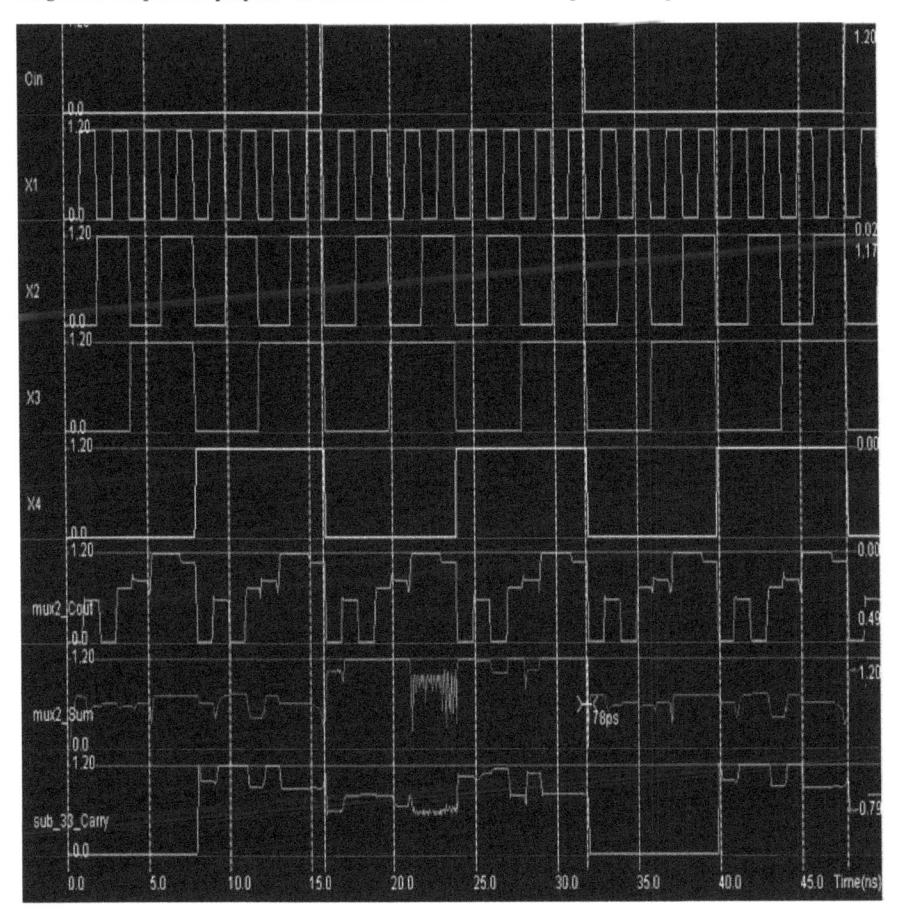

Fig 5.6 Struttura del compressore 4:2 proposta Forme d'onda delle tensioni rispetto al tempo

Proposta 4:2 Forme d'onda della tensione e della corrente di progetto del compressore:

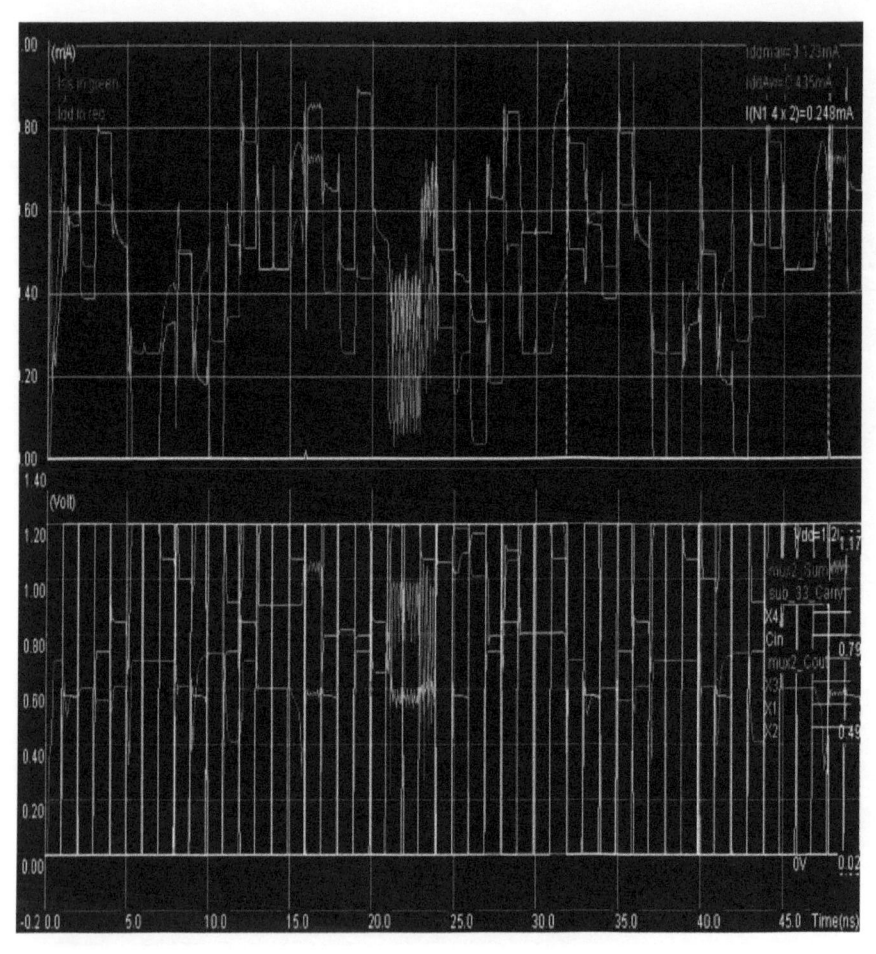

Fig 5.7 Forma d'onda delle tensioni e delle correnti del compressore 4:2 proposto

5.3 PROGETTI DI LAYOUT PER I SISTEMI ESISTENTI:

Layout XOR/XNOR CMOS statico:

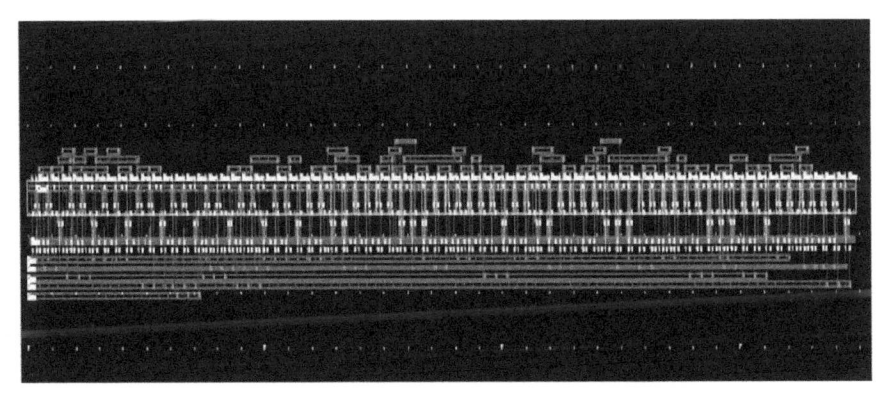

Fig 5.8 Layout XOR/XNOR CMOS statico

Layout del MUX CMOS statico:

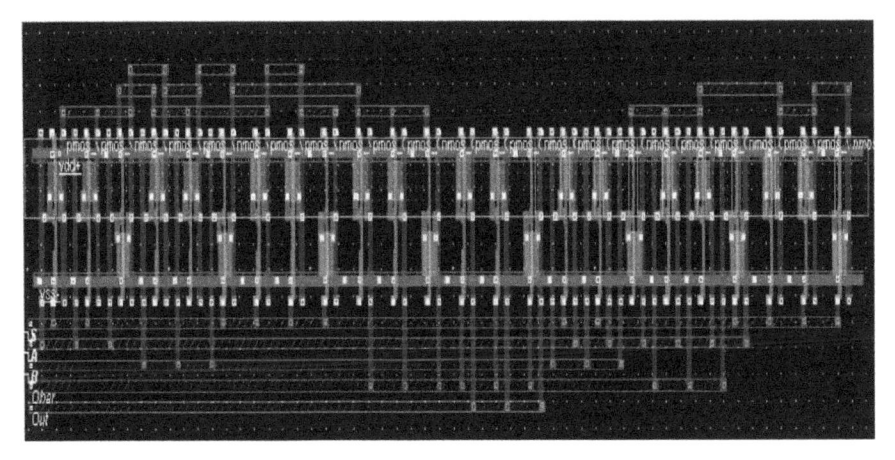

Fig 5.9 Layout del MUX CMOS statico

Progetto schematico del compressore statico 4:2:

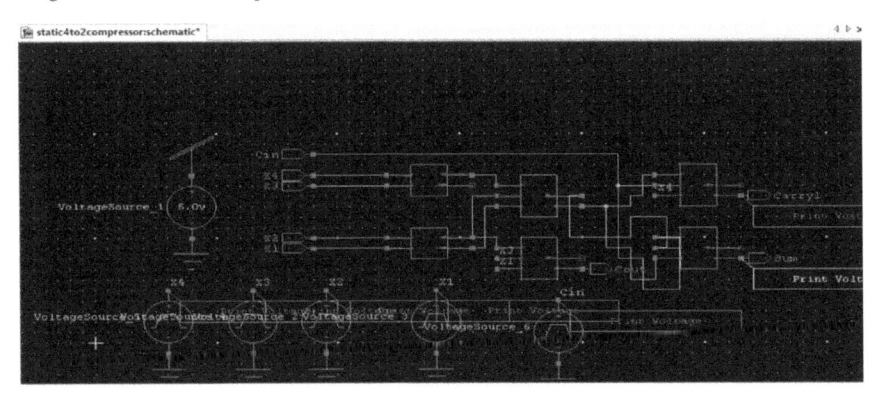

Fig 5.10 Schema del compressore statico 4:2

Forme d'onda statiche di progettazione schematica del compressore 4:2:

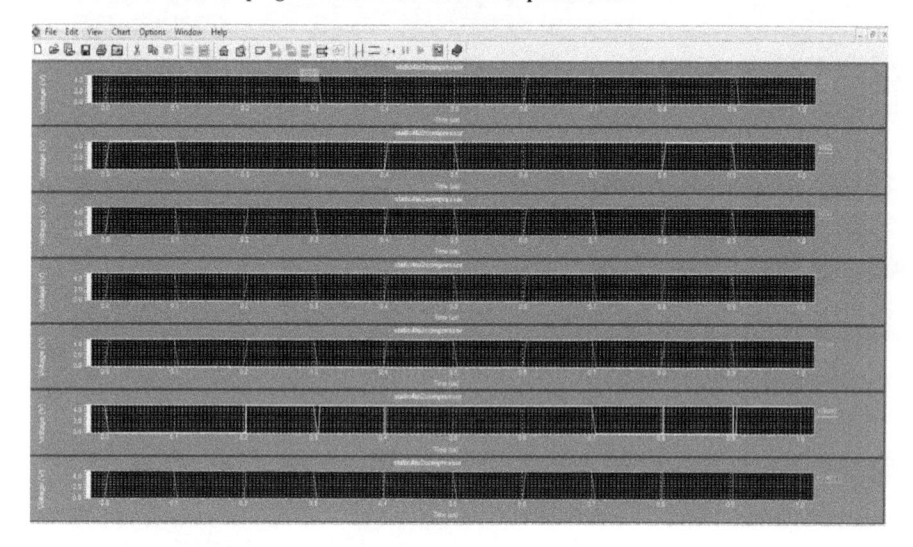

Fig 5.11 Forme d'onda statiche del progetto schematico del compressore 4:2

Layout di progettazione del compressore 4:2 esistente:

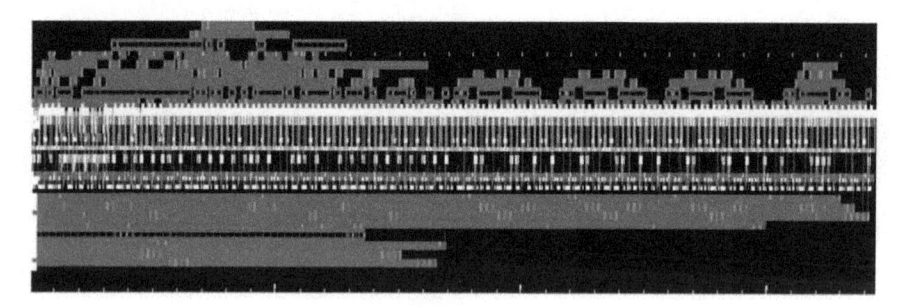

Fig 5.12 Schemi di progettazione dei compressori 4:2 esistenti

Forme d'onda di progetto del compressore 4:2 esistenti in funzione del tempo:

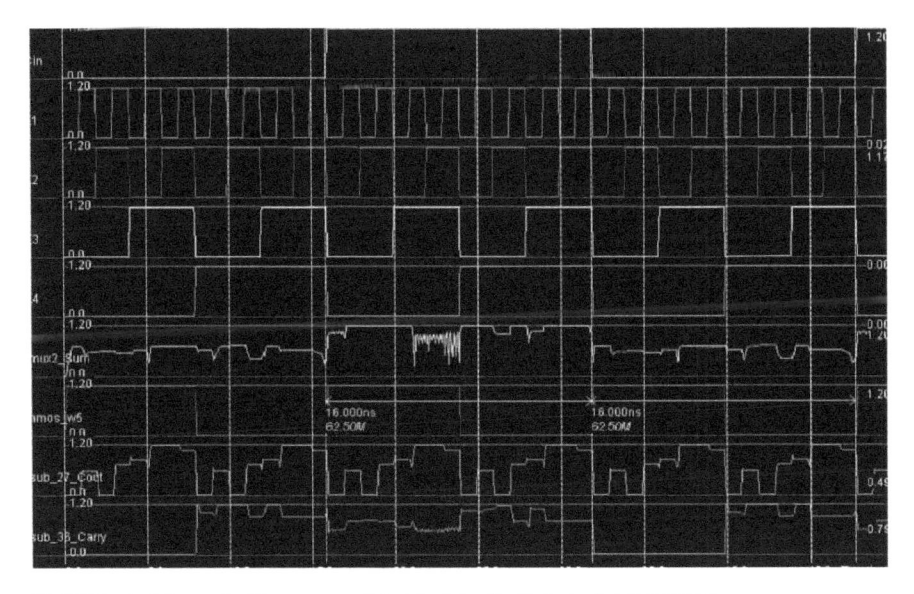

Fig 5.13 Tensioni di progetto del compressore 4:2 esistenti rispetto alle forme d'onda del tempo

5.4 PROGETTI CMOS ESISTENTI CON LO STRUMENTO DSCH

Progettazione XOR/XNOR CMOS statico:

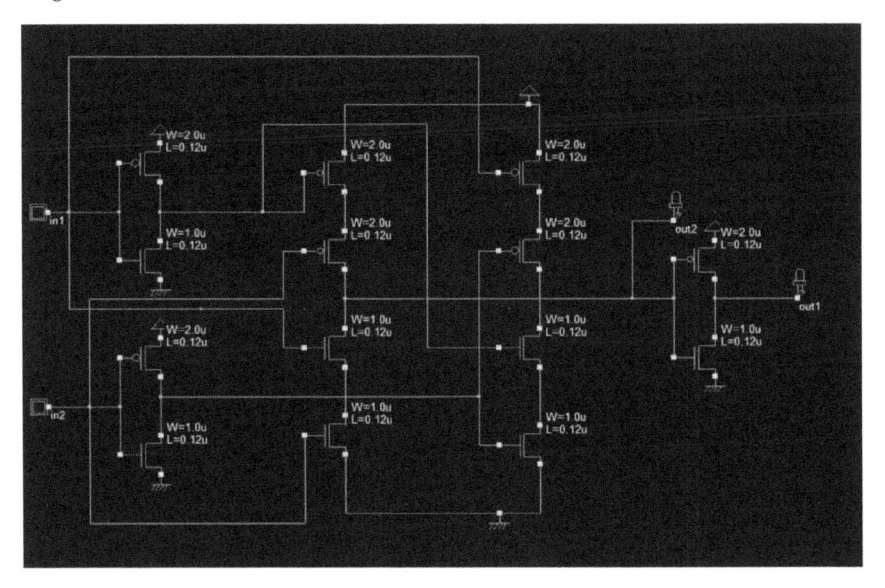

Fig 5.14 Progetto di XOR/XNOR CMOS statico DSCH

Forme d'onda di progettazione XOR/XNOR CMOS statico:

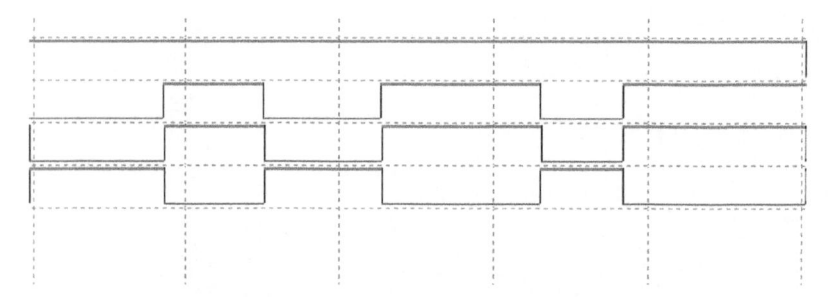

Fig 5.15 Forme d'onda del progetto XOR/XNOR CMOS statico DSCH

Progettazione XOR/XNOR a 12T:

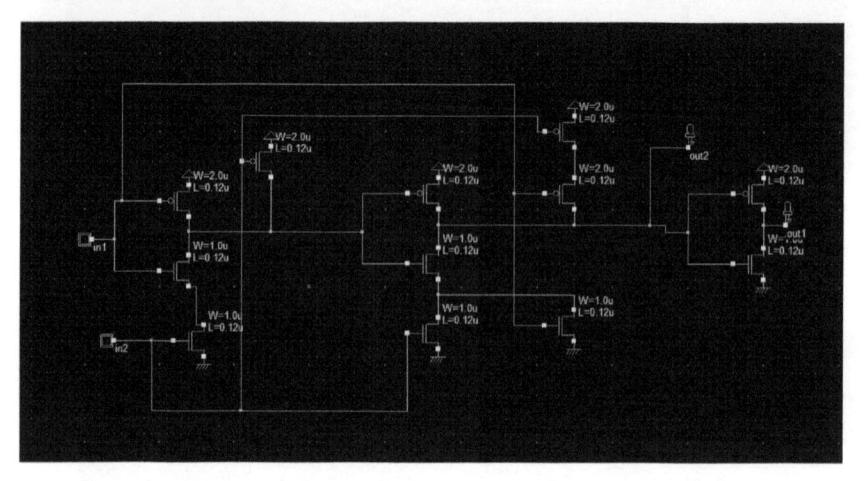

Fig 5.16 Progetto DSCH 12T XOR/XNOR

Forme d'onda di progettazione XOR/XNOR 12T:

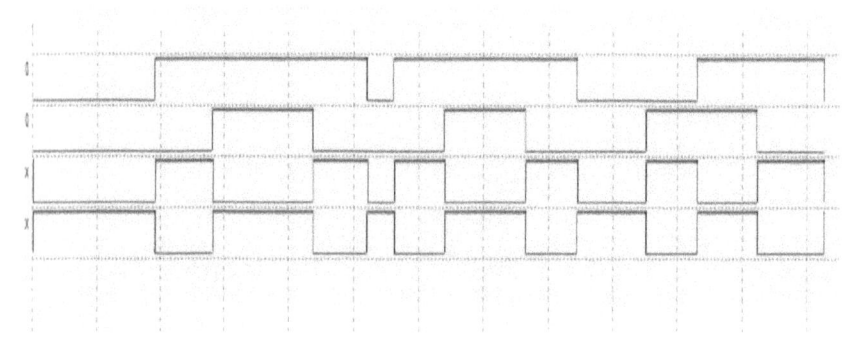

Fig 5.17 Forme d'onda del progetto DSCH 12T XOR/XNOR

Progetto CPL XOR/XNOR:

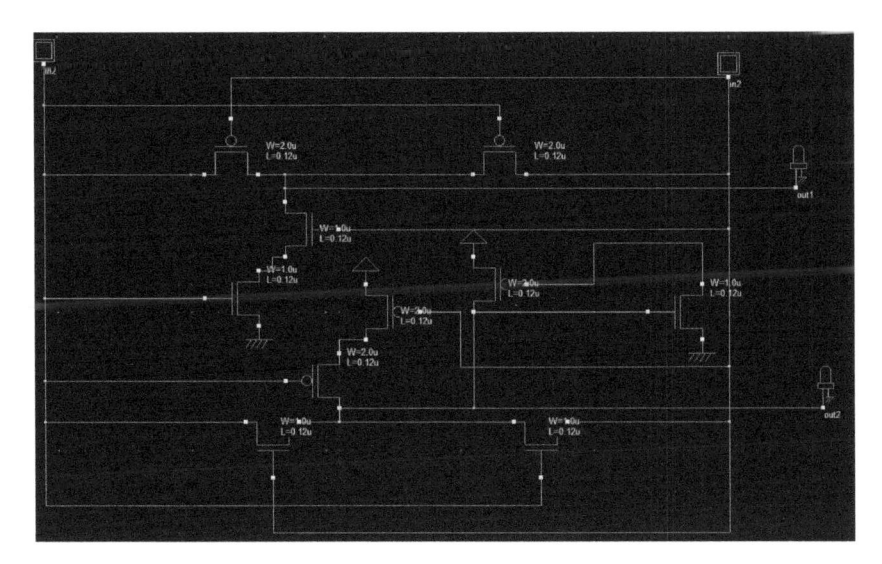

Fig 5.18 Progetto DSCH CPL XOR/XNOR

Forme d'onda di progettazione CPL XOR/XNOR:

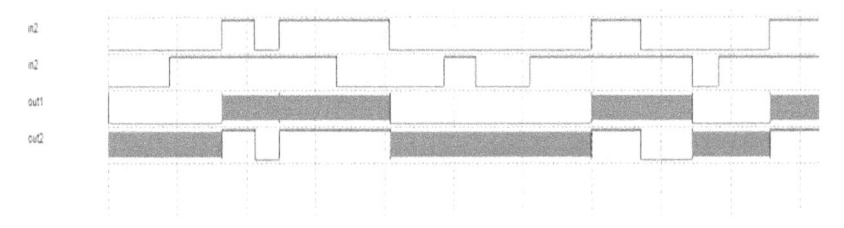

Fig 5.19 Forme d'onda del progetto DSCH CPL XOR/XNOR

CONCLUSIONE

È stato proposto un circuito compressore 4-2 basato su un nuovo progetto XOR-XNOR che fornisce prestazioni migliori. Il progetto XOR-XNOR proposto ha un consumo di energia di 1,122486e-006 pW. Il circuito di compressione 4-2 proposto ha un consumo di 6,064625e-006 pW. Le prestazioni di questo circuito sono state confrontate con quelle dei circuiti precedenti in termini di consumo di potenza, ritardo massimo in uscita e prodotto del ritardo di potenza (PDP). Il circuito proposto mostra prestazioni migliori rispetto ai circuiti esistenti sotto tutti gli aspetti.

AMBITO FUTURO

In questo progetto viene mostrata l'implementazione del compressore fino a 4:2. In futuro potremo estendere il progetto a 5:2, 9:2 o 11:2 e così via, per aumentare il rapporto di compressione. L'architettura del compressore 4:2 è stata analizzata utilizzando implementazioni CMOS e CMOS+ di XOR e blocchi MUX. Sono state proposte nuove architetture di compressori 4:2 e confrontate con quelle esistenti. In seguito sono stati implementati i compressori 5:2 con gli stessi blocchi.

RIFERIMENTI

1 Modern VLSI Design quarta edizione del libro di testo Wayne Wolf.

2 CMOS VLSI design terza edizione di Neil H.E.Weste, David Harris, Ayan Banerjee.

3 Libro di testo Basic VLSI Design terza edizione di Douglas A. pucknell, Kamran Eshraghian.

4 N. Weste, K. Eshranghian, Principles of CMOS VLSI Design: A System Perspective, Reading MA: Addison-Wesley, 1993.

5 Manoj Kumar, Sandeep K. Arya, Sujata Pandey, "Progettazione di un sommatore completo a un bit utilizzando 8 transistor con una nuova porta XNOR a 3 transistor", International Journal of VLSI Design & Communication Systems, vol. 2, pp. 47-59, dicembre 2011.

6 Z. Wang, G. A. Jullien e W. C. Miller, "Una nuova tecnica di progettazione per moltiplicatori a compressione di colonna", IEEE Trans. Computer, vol. 44, pagg. 962-970, agosto 1995.

7 M. Shams, T. K. Darwish e M. A. Bayoumi, "Analisi delle prestazioni di celle full-adder CMOS a 1 bit a basso consumo", IEEE Trans. VLSI Syst., vol. 10, pagg. 20-29, gennaio 2002.

8 Manoj Kumar, Sujata Pandey e Sandeep K. Arya, "Design of CMOS Energy Efficient Single Bit Full Adder," Book Chapter of Communications in Computer and Information Science, Springer- Verlag Berlin Heidelberg, CCIS 169, pp. 159-168, Jul. 2011.

9 S.F. Hsiao, M.R. Jiang, J.S. Yeh, "Progettazione di un contatore 3-2 a basso consumo e di un compressore 4-2 per moltiplicatori veloci", Electronic Letters, Vol. 34, No. 4, pp. 341-343, 1998.

More Books!

I want morebooks!

Buy your books fast and straightforward online - at one of world's fastest growing online book stores! Environmentally sound due to Print-on-Demand technologies.

Buy your books online at
www.morebooks.shop

Compra i tuoi libri rapidamente e direttamente da internet, in una delle librerie on-line cresciuta più velocemente nel mondo! Produzione che garantisce la tutela dell'ambiente grazie all'uso della tecnologia di "stampa a domanda".

Compra i tuoi libri on-line su
www.morebooks.shop

info@omniscriptum.com
www.omniscriptum.com

OMNIScriptum

www.ingramcontent.com/pod-product-compliance
Ingram Content Group UK Ltd.
Pitfield, Milton Keynes, MK11 3LW, UK
UKHW042052131224
452457UK00001B/189

9 786208 347147